Iris Köhler-Terz

Nackt

durch die Nacht

Geschichten und Gedichte „to go"

Bibliografische Information der Deutschen Nationalbibliothek: Die Deutsche Nationalbibliothek verzeichnet diese Publikation in der Deutschen Nationalbibliografie; detaillierte bibliografische Daten sind im Internet über <u>dnb.dnb.de</u> abrufbar.

Herstellung und Verlag: BoD – Books on Demand, Norderstedt

ISBN: 978-3-7504-5096-7

Nackt durch die Nacht

Geschichten „to go"

Iris Köhler-Terz

Wahre Liebe

Du sagst

ich errege dich.

Das bedeutet mir nichts.

Siehst du nur meinen
Körper?

Spürst du nicht meine

Seele, meinen Geist?

Wenn Körper *und* Geist dich erregen,

dann wirst du sagen:

Ich liebe dich.

Krisenherd

Das Leben ist schön! Ja, eures vielleicht. Freut euch solange es geht. Mein Leben war auch mal gut. Da ist vorbei! Definitiv! Seitdem diese Frau hier bei Florian eingezogen ist, ist es aus damit. Diese, diese… Ich finde nicht mal ein Wort für die. Vorher, ja, da lebte es sich gut hier. Ich konnte mich den ganzen Tag mit meinen Kollegen unterhalten und wenn Florian dann zu uns kam, wurde ich immer richtig heiß. Am Ende stand dann auch ein stolzes Ergebnis auf dem Tisch, welches Florian genoss. Das wichtigste für einen guten Herd ist, dass etwas Leckeres mit seiner Hilfe entsteht. Oh ja, mein Mensch, der Florian, der verstand es mich anzumachen, meine jeweilig richtige Betriebstemperatur einzustellen. Mir wurde unter seinen Händen immer so richtig angenehm warm. Nie war es zu heiß, aber auch nie zu kalt. Und bei der Wahl des passenden Kochgeschirrs bewies er immer ein gutes Händchen. Der Topf passte immer perfekt auf die Platte. Und wenn er mir mal einen Braten in die Röhre schob, dann war das wirklich ein Höhepunkt. Das Endprodukt war einfach jedes Mal perfekt!

Ach, was kochten wir zwei nicht alles zusammen! Ente mit Rotkohl und Klößen, thailändische Kokossuppe, Kaninchenfilet an Waldpilzen. Hm! Welch schöne Erinnerungen das doch sind. Aber auch das Backen machte mit Flori Spaß. Egal ob Südtiroler Apfelstrudel oder Schachbretttorte mit Frischkäsetopping, wenn wir gemeinsam werkelten, dann hatten wir eine wunderbare Zeit. Und wenn Florian gut gegessen hatte, oft mit Freunden, dann war er hinterher besonders lieb zu mir. Er wusch mich persönlich, reinigte jede kleine Ecke so dass ich immer wie nagelneu blitzte und blinkte. Ach ja, das waren Zeiten. Waren. Dann kam nämlich Charlotte! Und jetzt hab ich ein Burnout. Da bin ich mir sicher!

Aber lasst mich von Anfang an erzählen.

Vor vier Wochen kam Florian freudestrahlend in die Küche. Während er sich einen Toast Hawaii zubereitete, erzählte er von seiner neuen Freundin, Charlotte. Zu der Zeit dachte ich noch: „Na ja, wieder mal so ein Mädchen. Da hat Flori die nächsten zwei Wochen keine Zeit für uns. Traurig, aber wir werden es überleben. Wie immer.“ Ich ahnte ja nicht, wie sehr ich mich geirrt hatte. Doch das sollte ich bald zu spüren bekommen.

Anfangs fand ich es sympathisch, dass ihr Namen dem der Schalotte ähnelte. "Prima, die könnte zu uns passen", hatte ich zur Spülmaschine gesagt. Doch ich merkte schnell, dass da nichts passte. Gar nichts. Außer, dass sie einem, genau wie ihre Namensvetterinnen, die Tränen ins Gesicht treiben konnte. Es begann damit, dass Charlotte auf die Idee kam, mit Florian zu kochen. Nun, die Idee ist an sich nicht schlecht und als dieses Weib mich zärtlich streichelte, fühlte ich mich eigentlich ganz gut. Dann säuselte sie auch noch: „Was für einen tollen Herd du hast, mein lieber Florian. Ein echtes Profiteil eben. Da kann ja nichts schiefgehen." Ich fühlte mich nun so recht geschmeichelt, denn ich bin ein einfacher E-Herd mit Ceranfeld. Jetzt weiß ich, dass das nur Geschnurre war, um Florian einzuwickeln wie ein Würstchen in den Schlafrock. Die beiden hatten wenig Zeit, weil sie noch ins Kino wollten. So einigten sie sich auf Kartoffel-suppe! Bah, so etwas Einfaches hatte ich lange nicht mehr auf meinem Buckel. Aber, okay. Wenn sie gut ge-kocht ist, dann ist auch eine einfache Suppe köstlich. Flo holte also alle Zutaten hervor. Und während er die Brühe aufsetzte und das Suppengemüse schnippelte, wollte

Charlotte Kartoffeln schälen.

Dabei schnitt sie sich in den Finger. Na, das sagt doch schon einiges oder? Angeblich hätten ihre Augen so getränt, wegen der Zwiebeln. Hä? Die hatte doch aber Florian… Na, von dem Zeitpunkt an hat sie jedenfalls nur zugeschaut und immerzu gequatscht. Vorbei war es also mit der Ruhe in der Küche! Vorbei damit, beim Kochen etwas klassische Musik zu hören. Nur noch bla, bla, sülz. Obwohl, so eine klassische, feine Sülze… Ach, das kriegt die eh nicht hin. Ich war jedenfalls froh, dass ich, nachdem die zwei gegessen hatten, sauber und friedlich mit meinen Kollegen allein war. So konnten wir uns gegenseitig ein wenig das Herz ausschütten. Das Kartoffelmesser war jedenfalls ziemlich beleidigt, weil es nicht ordnungsgemäß benutzt worden war. Wir anderen, der Kühlschrank, der alte Kochlöffel und die Knoblauchpresse, mussten mit Engelszungen reden, damit es den Plan aufgab, Charlotte nächstes Mal einen Finger abzusäbeln. Wir alle hofften, dass dieses Weib nun genug von uns hätte und sich nie wieder in der Küche blicken ließe. Tja, da kann ich nur sagen: „Pech gehabt!"

Sie kam wieder. Und für uns kam es damit Messerrücken dick und dicker! Es war zwei Tage später. Florian musste

11

zum Zahnarzt.

Dass hatte er beim Suppe kochen erzählt. Nun tänzelte diese Charlotte in die Küche, klopfte auf den Tisch und sagte: „Na gut. Dann werde ich Flori heute zeigen, dass er mit mir eine Frau hat, die kochen kann. So eine blöde Kartoffelsuppe krieg ich hin. Auf jeden Fall." Ich dachte, mir fallen alle Schalter vor Schreck ab. Die? Die dumme Charlotte wollte kochen? Erschrocken schaute ich zum Kartoffelmesser, welches im selben Moment vor Schreck von der Magnetleiste hopste. Die olle Schreck-schraube hob das Messer mit spitzen Fingern auf und warf es in die Spüle. „Dich brauche ich dazu nicht", sagte sie. Mir wurde angst und bange. Kartoffelsuppe ohne Kartoffeln? Das konnte nur schiefgehen. Zuerst holte sie einen Topf aus dem Schrank. Sie nahm den kleinsten, den es gab. Wie wollte sie darin Suppe ko-chen? Aber was sollte ich sagen? Sie füllte das Töpchen bis fast zum Rand mit Wasser und stellte es auf die größte Platte. „Da kocht das Zeug schneller", meinte sie. Dann machte sie mich an. Volle Pulle! Ich wollte ja kein Spielverderber sein und gab alles! Ich brachte das Cer-anfeld zum Glühen und beobachtete dabei, was die Zwiebelfrau nun tat. Erst müsste sie Kartoffeln schälen?

12

Aber ohne Messer? Oder würde sie das Suppenfleisch holen? Oder Gemüse schnippeln? Jedenfalls ging sie aus der Küche und als sie wieder herein kam hatte sie ein Glas in der Hand. Äh? Ein Glas? Oh Gott, mir ging fast die Klappe auf! Sie hatte ein Glas geschälte Kartoffeln in der Hand. Und die kippte sie nun einfach in den Topf. Das brachte ihn zum Überlaufen. Wörtlich und sprichwörtlich gesehen. Dass überlaufende Wasser ergoss sich auf die große, rotglühende Platte und kühlte sie und somit mich, ein wenig ab. Sonst wären wir beide wohl vor Wut geplatzt. In dem Gebrodel und Gezische hörte ich das Weib schimpfen: „So was Blödes. Der Scheißtopf ist viel zu klein." Ja, dachte ich, dafür kann er nichts. Nimm einen größeren! Aber nein, sie holte eine Schüssel und eine Kelle und schöpfte einfach etwas Wasser ab. Dann stellte sie die Sachen in die Spüle zum Kartoffelmesser. „Na gut", dachte ich, „nun aber her mit dem Fleisch oder dem Gemüse." Mir war schon völlig egal, in welcher Reihenfolge es weitergehen würde. Hauptsache es gab eine Kartoffelsuppe. Ihr wisst, für mich zählt vor allem das wohlschmeckende Ergebnis! Aber was tat sie? Sie kramte im Kühlschrank herum, knallte dann die Tür zu und kam mit einer Tüte auf mich zu.

13

Gefriergemüse. Ich habe nichts gegen Gefriergemüse. Aber sie würde doch nicht die ganze Tüte...? Tatsächlich. Wieder spritzte Wasser. Klar, der Topf war zu klein. Und nun hatte selbst eine Charlotte, mit weniger Grips als eine Stinkezwiebel, die Eingebung, einen größeren Topf zu suchen. Nachdem sie den gefunden hatte, kippte sie den Inhalt des kleinen einfach dort hinein. Dass sie sich dabei die Finger an den Griffen verbrannte, freute mich wirklich. Allerdings fiel etwas Gemüse daneben. Es klebte nun auf meinem, inzwischen wieder rotglühenden, Feld. Aber das war Charlotte egal. Sie stellte den großen Topf drauf und kühlte erst die angekokelten Finger, bevor sie sich an den Tisch setzte. Was machte sie denn nun? Nein! Sie begann ihre Krallen zu lackieren. Im Topf dagegen begann es leise zu brodeln. Ich wünschte, ich könnte selbst auch brodeln. Kann ich aber nicht und so schickte ich alle Energie zum Kochfeld und zack, kochte das Wasser-Kartoffel-Gemüse-Zeug wie verrückt. Es drückte den Deckel hoch, zischte über den Rand. Glaubt ihr, die hätte mich mal ein bisschen runtergeschaltet? Nein! Sie zog den Topf zur Seite, holt einen Löffel und probierte! Dann verzog sie den Mund: „Was fehlt denn da noch?" Was fehlt? Ich wünschte mir

14

nichts sehnlicher als einen menschlichen Mund, damit sie meine Antwort verstehen könnte! Was fehlte wohl? Alles! Fleisch oder wenigstens Brühe aus dem Glas! Ja, selbst damit wäre ich inzwischen zufrieden gewesen. Meine Ansprüche sanken also rapide! Aber gegen ein wenig Lauch, etwas Majoran oder nur eine Schalotte hätte ich auch nichts gehabt. Als hätte sie mich gehört sagte sie plötzlich:

„Also, so eine doofe Zwiebel kommt da nicht rein. Die ist ja beim Grünzeug sicher dabei. Aber Salz und Pfeffer fehlen." So kamen also die Salz - und die Pfeffermühle zum Einsatz. Dann rührte Charlotte wieder gelangweilt im Topf, kostete erneut und stellte fest: "Ne, das war es nicht." Ich sah, wie es hinter ihrer Stirn arbeitete. Und das Ergebnis? „Ach ja, die Kartoffeln müssen püriert werden und dann kommen noch Würstchen rein." Ich bekam Angst! Vor allem um den Pürierstab. Die Kartoffeln konnten noch gar nicht weichgekocht sein! Ich hatte Recht. Die Kartoffelstücke, die der arme Pürierstab mit Mühe abschneiden konnte, flogen durch die Luft. Das Weib aber störte das gar nicht. Sie stieß den schon arg mitgenommenen Stab immer wieder in die heiße Masse und murmelte: „Das muss gehen. Das ging letztens auch." Ich hätte zu gern die Klappe aufgerissen und gerufen: „Letztens haben wir keinen Pürierstab benötigt. Aber wenn man nicht gerade Charlotte hieße, dann würde man das wissen." Da ich leider immer noch nicht mit menschlicher Zunge sprechen kann, litt ich still mit dem Pürierstab weiter. Irgendwann gab die Frau mit dem Zwiebelnamen auf, schob den Topf auf das glühende Ceranfeld, auf dem nun auch Kartoffelstücke lagen. Die verbrannten natürlich und es begann zu stinken.

Aber dieses Weib war noch nicht fertig mit uns! Jetzt waren die armen Würstchen dran. Sie schüttete die Lake in die Spüle, schnappte aus derselben das Kartoffel- messer und kippte die Würstchen einfach auf den Tisch. Dort zerschnitt sie sie in kleine Fitzelchen. Dann schmiss sie das Messer zurück, wischte die Wurststücke in ein Küchentuch und ließ sie von dort in den Topf plumpsen. Was da drin kochte, war keine Suppe, sondern wohl eher Matsch. Sie probierte erneut, schmiss den Löffel zum Messer und schimpfte: „Schmeckt nach nichts. Aber auch nach gar nichts und sieht Scheiße aus! Dabei hab ich doch alles so wie letztens gemacht." Ich zuckte förmlich. Wie letztens? Das ich nicht lache. Plötzlich sprang sie auf. „Sahne! Mutter sagt, Sahne rettet alles." Wieder wurde der Kühlschrank aufgerissen und sie kam mit der Sahneflasche auf mich zu. Das war der Moment, in dem ich aufgab. Ich konnte nicht mehr. Der Burn-out erwischte mich voll! Und da ging die Tür auf. Flo sah irritiert auf das Chaos, schnupperte. Dann ging er zum Fenster, öffnete es. Als er auf mich zukam dachte ich: „Jetzt wird alles gut." Aber er schaltete mich nur aus, wobei er mich keines Blickes würdigte. Er sah nur sie, die Stinke-Charlotte an und die fiel ihm um den Hals. Und während ihr die Krokodilstränen aus den Kulleraugen flossen, stammelte sie:

„Ich wollte so gern eine Suppe für dich kochen. Aber es war nicht alles da was ich brauchte und dieser alte Herd, also der geht ja gar nicht." Und was tat Flo? Er nahm sie in den Arm, wischte ihr die falschen Tränen ab, küsste sie und sagte: „Das ist lieb von dir mein Schatz. Komm. Lass uns heute einfach essen gehen." Weg sind sie und das Chaos lassen sie einfach Chaos sein. Und ich? Ich weiß jetzt was es bedeutet, wenn jemand sagt: „Das ist ein Krisenherd!". Denn ich, ich habe jetzt eine dicke, fette Krise!

Beichte einer Atheistin

„Vater vergib mir, denn ich habe gesündigt". Ich stocke. Kann ich so meine Beichte beginnen? Ich weiß es nicht, denn ich bin Atheistin und habe noch nie in meinem ganzen Leben gebeichtet. Aber nun, so kurz vor meinem Ende, möchte ich mir alles von der Seele reden. Und vielleicht gibt es ihn dort oben ja doch. Wenn es so ist, dann hoffe ich, dass er mir vergeben möge. Ich hole tief Luft und rede weiter. „Also Vater, damit du mich verstehst, muss ich ganz von vorn beginnen. Es fing alles damit an, dass ich mir ein Haus gekauft habe. Dieses Haus liegt ganz am Rande eines Dorfes. Dorthin kommen die anderen Dorfbewohner nur selten. Es ist ein kleines, sehr schönes Haus. Für mich allein reichte es und ich würde hier sicher die Ruhe finden, die ich suche, dachte ich, Auf einer Seite des Hauses liegt ein kleines Gärtchen, auf der anderen nur ein Stück Rasen und ein Gartenteich. Um das Grundstück herum läuft ein Zierzaun, der nur wenige Zentimetern hoch ist.
Der nächste Nachbar lebt fünfzig Meter entfernt in einem Bauernhaus mit Stall. Aus den Gesprächen mit den vorherigen Eigentümern meines Häuschens hatte ich

herausgehört, dass er ein freundlicher Mann sei. Sie nannten ihn den „netten Ralf". Er sei still, arbeitsam und ginge nur ab und zu zum Skat in die Dorfkneipe. Ich erfuhr, dass Ralf ein paar Hühner, zwei Schweine und drei preisgekrönte Kaninchen hält. Letztere liebe er über alles. Und dann gäbe es noch einen Dobermann namens „Mäuschen". Mit den Viechern und dem Misthaufen begann das Drama. Mit dem Misthaufen meine ich nicht den Nachbarn, sondern einen echten aus mit Tierkacke verunreinigtem Stroh. Der Nachbar hingegen ist nicht nett. Mit ihm verhielt es sich ganz anders, wie ich bald merkten sollte. Nun der Reihe nach. Am Tag meines Einzuges kam der freundliche Nachbar und half mir beim Schleppen und Aufbauen der Möbel. Als schwache Frau weiß man das zu schätzen und so lud ich ihn für das kommende Wochenende zu Essen ein, was er erfreut annahm. Bis dahin waren es noch fünf Tage und diese zerrten wirklich an meinen Nerven. Sicher wusste ich, dass Tiere Dreck und Lärm machen, schließlich bin ich auf dem Land aufgewachsen. Aber dennoch Vater, fand ich es unmöglich, dass die Hühner meines Nachbarn unerschrocken auf meinem Rasen und in meinem Garten umher spazierten und auch ihr Geschäft hier verrichteten. Das hatte ich beim Besichtigen des Hauses nicht beachtet. Barfuß über mein Grundstück zu laufen war jedenfalls unmöglich. Und nachdem ich das dritte Mal in Hühnerkacke getreten war, fing ich eins der blöden Viecher und drehte ihm den Hals um. Dieses Huhn wurde das Dankesessen für den netten Ralf, dem es bestens schmeckte. Ich wies darauf hin, dass diese Supermarkthühner ja gar kein Fleisch auf den Rippen hätten. Da prahlte er mit seinen Tieren und bot mir an: "Wenn du das nächste Mal ein Huhn braten willst, sag's mir. Ich bring dir eins von meinen." Lächelnd dankte ich für das Angebot. Verzeih Vater, das war falsch.

Bei einem Kaffee erzählte Ralf dann, dass sein Lieblingshuhn Emma verschwunden sei. Er mutmaßte: „Das hat wohl der Fuchs erwischt." Ich nickte und schlug ihm vor, die Hühner am Rand seines Grundstücks, beim Stall, einzuzäunen. Da würden die dichten Büsche die Hühner vor dem Fuchs schützen und sie hätten dennoch genügend Auslauf. Diese Idee setzte der kluge Ralf zwei Tage später um, und ich konnte endlich wieder barfuß laufen.

Ein paar Tage später bemerkte ich, dass Ralf den Misthaufen versetzte. Lag dieser vorher hinter dem Stall, so befand er sich nun neben den Hühnerauslauf, keine zwanzig Meter von meinem Grundstück entfernt. Und jeder Windhauch wehte jetzt echte Landluft zu mir. Das vergällte mir erneut die Freude an meinem Grundstück und am Dösen im Liegestuhl. Als ich Ralf fragte, warum er das getan habe, antwortete er: „Ist einfacher für mich. Muss ich nicht um den Stall herum. Ist der ideale Platz."

Platz? „Ja ich platze gleich", knurrte ich leise, traute mich aber nicht, mit dem großen Ralf zu streiten. Ich wollte ja alles für eine gute Nachbarschaft tun. In den nächsten Wochen sprach ich das Misthaufenproblem mehrmals an und bat den netten Ralf, den Haufen doch wenigstens hinter die Sträucher zu verlegen. Irgendwann ging der Nachbar plötzlich in die Luft. „Himmel Herrgott nochmal", schrie er, „du bist auf dem Land. Da stinkt es eben mal. Lass mich bloß in Ruhe damit." Er stapfte erbost davon und ich verzog mich in mein Häuschen. Aber verzeihen konnte ich ihm das nicht. Schließlich hatte ich nur nett gefragt. In dieser Nacht, es war eine wunderbar warme Sommernacht, schlich ich zu

Ralfs Karnickelstall. Leise öffnete ich die Türen der einzelnen Verschläge. Zwei der wuscheligen Gesellen hopsten sofort in die Freiheit. Sicher waren sie mir dankbar dafür, endlich einmal frei herumhoppeln zu dürfen. Woher hätte ich wissen sollen, dass es den Fuchs tatsächlich gab? Und dass der sich eins der beiden befreiten Tierchen schmecken lassen würde, war wirklich nicht geplant. Das dritte Kaninchen allerdings, schmeckte einige Tage später mir. In Buttermilch eingelegt... hm. Zart und saftig! Ich weiß ja, das war nicht richtig. Aber warum sollte nur der Fuchs profitieren? Und eins der Tiere hatte Ralf ja schließlich wieder eingefangen. Einige Tage nach dem Streit und dem Kaninchenproblem hatte der Nachbar sich wieder beruhigt, und ich unterhielt ich mich mit ihm vor meinem Haus. Dabei brachte ich das Gespräch natürlich auch auf sein Missgeschick. Erklärte, wie leid es mir tue, dass er die Tür des Kaninchenstalls nicht richtig verschlossen hatte und wie sehr ich den Tod seiner zwei prämierten Tiere bedauerte. Noch während ich sprach nahm Ralfs Gesicht die Farbe reifer Tomaten an. Ach Vater, ich gebe zu, es war falsch ihn zu provozieren, indem ich das Kaninchenfell auf meinem Hof zum Trocknen aufgespannt hatte.

Ich hatte es absichtlich an einer Stelle gespannt, an der es sehen konnte. Nein, sehen musste. „Warum?" schrie er. Immer wieder nur: „Warum?" „Weil mir der Misthaufen stinkt und du ihn ja nicht wegschaffst. So ist da jedenfalls schon mal weniger Mist." Das war meine durch und durch ehrliche Antwort. Ralf aber brüllte wie ein Tier und er sah in dem Moment auch so aus. Stell dir vor Vater, da steht ein Mann, 1,90 Meter groß, bullig, die klodeckelgroßen Hände zu Fäusten geballt, den Kopf eingezogen, so dass er noch stiernackiger wirkte als sonst. Vater ich gestehe: Ich hatte furchtbare Angst! Und dass „Mäuschen" neben Ralf stand und bellte, machte es nicht besser. Ich kam mit „Mäuschen" gut klar. Und er hatte ja auch einen Kaninchenschenkel abbekommen. Dennoch würde er sich sicher auf mich stürzen und mich töten, wenn Ralf es befehlen sollte. Ja, ich dachte, er würde es tun. Aber er tat es nicht. Er sagte nur: „Und nun wirst du ersticken!" Dann ging er los, holte Forke und Schubkarre und baute den Misthaufen um. Er stapelte ihn genau neben meinen Zierzaun, also direkt vor meinen Liegestuhl!
Dann holte er mit einem dreckigen Grinsen noch frischen Mist aus dem Schweinestall. Er hatte Recht. Ich

würde ersticken. Und dann stand er da. Grinsend, widerlich, anmaßend. „So du blödes Weib. Jetzt kannst du in Landparfüm baden Und komm mir bloß nicht mehr vor die Augen sonst…" Er drohte mit der Faust und stapfte davon. Ach Vater, dass konnte ich mir doch wirklich nicht bieten lassen, oder? Und es kam noch schlimmer. Am nächsten Morgen liefen die Hühner wieder frei herum. Natürlich auch auf meinem Grundstück und dann… Oh Vater, was er dann tat, war einfach nur gemein! Er ließ die beiden Schweine heraus! Die wühlten überall herum und dann entdeckten sie meinen Gartenteich! Nach drei Tagen war der die reinste Suhle und ich war nicht mehr Herrin auf meinem eigenen Hof! Ich bereue ja wirklich. Aber das ging eindeutig zu weit. Wie sollte ich da noch Ruhe finden? Ständig jagte ich Hühner oder Schweine von meinem Hof, mein Rasen war genauso hin wie der Teich und überall Hühner – und Schweinekacke! Das schrie doch nach Rache! Und ich wusste, wie ich den stiernackigen Ralf zum Aufgeben zwingen konnte. Dort, wo der Misthaufen vorher gelegen hatte, grub ich, wiederum nachts, ein tiefes Loch. Ich bin eine schwache Frau Vater, aber die Wut trieb mich an.

In das Loch setzte ich das letzte preisgekrönte Karnickel. Ein wenig Grünzeug gab ich dazu, denn das Tier sollte ja nicht hungern. Dann deckte ich das Loch mit Zweigen, Stroh und etwas Sand ab und ging zufrieden schlafen. Tief und fest schlief ich. Doch plötzlich fiel ich fast aus dem Bett. Ralf stand vor dem Haus und schlug beinahe die Tür ein. Er verlangte zu wissen, wo sein Karnickel sei. Wieder stand „Mäuschen" laut kläffend neben ihm. Ich sah gutgelaunt aus dem Fenster, denn ich wusste: Heute wird der Krieg beendet. Ralf würde alles tun, um das Hoppelhäschen wieder zu bekommen. „Sperr den Hund ein", forderte ich. Ralf tat es zornbebend. Ich trat ins Freie. Neben der Tür lehnte der Spaten, den ich in der letzten Nacht so eifrig gebraucht hatte. Ich nahm ihn und wollte losgehen. Zögernd, auf einmal ganz blass im Gesicht, stoppte Ralf mich: „Wozu der Spaten?", fragte er tonlos. Ich gebe zu Vater, ich handelte falsch. Aber angesichts seiner Schwäche wollte ich ihm eins auswischen und antwortete lächelnd: „Na, wie soll ich das Vieh sonst ausbuddeln?" Hätte ich denn ahnen können, dass der tierliebe Ralf sich wie ein Rasender auf mich stürzen würde?

„Ich bring dich um", schrie er mit Tränen in den Augen. Ich sah sie, als sich seine riesigen Finger um meinen Hals legten. Er war mir so nah und er war so stark. Ich wusste, er würde mich erwürgen. In meiner Not hob ich den Spaten und schlug zu. Ach Vater. Es war ein Volltreffer! Der plötzlich stille Ralf fiel einfach um. Ich sah sofort, dass er tot war. Was sollte ich tun? Ihn liegen lassen? Nein. Also zog ich ihn zu dem Loch, das ich gegraben hatte, holte das Häschen heraus und schob den Ralf hinein. Aber das Loch war nicht tief genug. Nur bis zu den Augenbrauen war Ralf drin. Das konnte nicht so bleiben. Ich sah mich um. Der Misthaufen! Das war die Lösung. Stück für Stück schichtete ich den Haufen dorthin zurück, wo er gelegen hatte. Und Ralf verschwand darunter. Aber Vater, ich habe mich bemüht, alles richtig zu machen. Sogar ein Gebet habe ich gesprochen. „Erde zu Erde und Mistkerl zu Mist." Und dann kümmerte ich mich um die Tiere. Das zumindest war ich dem Nachbarn schuldig. Niemand hätte etwas bemerkt Vater, wäre „Mäuschen" nicht gewesen. Ständig umkreiste der Hund den Misthaufen, bellte, jaulte, kratzte darin herum. Als nach einigen Tagen zwei Männer kamen, um Ralf zum

Skat in der Kneipe abzuholen, fiel ihnen „Mäuschens"
komisches Benehmen auf. Und so fand man den toten
Ralf. Nun sitze ich hier und warte auf mein Ende. Und
weißt du, was merkwürdig ist, Vater? Ich hatte mich
nach all dem an den Mistgeruch gewöhnt. So sehr, dass
er mir hier fehlt. Alles würde ich dafür geben, wenn ich
diesen Duft, den Geruch der Freiheit, noch einmal in der
Nase haben könnte. Doch es ist vorbei. Darum bitte ich
dich, Vater im Himmel:

„Vergib mir meine Lügen, meinen Stolz. Vergib mir,
was ich den armen Tieren tat, indem ich ihnen den
freundlichen Ralf nahm. Bitte Vater, vergib mir all
meine Sünden!"

Und ich bin doch ein freier Mann

Puh, gerade noch die Bahn geschafft. Beschissener Morgen! Das war mal wieder knapp. Aber Moni muss ja morgens unbedingt noch kuscheln. Na gut, ich finde es eigentlich auch toll. Aber in der Woche brauche ich morgens meine Ruhe. Außerdem habe ich durch diese Kuschelei noch weniger Zeit zum Frühstücken. Moni hat es gut. Sie kann ja weiterschlafen, wenn ich weg bin. Für mich heißt es, ab aufs Rad und los zur S-Bahn. Mit dem Auto käme ich wesentlich einfacher zur Arbeit, aber Moni steht eben auf sportlich. Ich will ja nicht meckern. So ist das nun mal, wenn man mit dreiundvierzig noch eine so junge Freundin hat. Da muss man sich schon anstrengen, um mithalten zu können. Gut, es war natürlich auch ein irres Gefühl, mit dieser tollen Braut beim Betriebsfest aufzutauchen. Mit ihren zweiundzwanzig Jahren ist sie eben noch knackig und straff am ganzen Körper. Der ist eine Klasse für sich. Wirklich! Klar hat sie noch keine einzige Falte im Gesicht. Und ihr Mund... Der ist einfach nur göttlich! Moni sieht aus, als sei sie gerade einem Modemagazin entstiegen.

Der Chef hat fast gesabbert, als ich sie ihm vorstellte. Allerdings weiß er auch nicht, was ich für dieses Mädchen so auf mich nehme. Sogar dauernd Salat statt Brot zu essen habe ich mir angewöhnt. Auch dass es morgens nur Körner und Joghurt gibt, ohne irgendetwas anderes dazu, versteht sich von selbst. Ehrlich gesagt ist das alles schon ganz schön nervig. Aber dann will sie doch tatsächlich, dass ich mir die Haare färbe! Also das geht nun gar nicht! Auf gar keinen Fall! Da hilft auch kein: "Ach Bärli, sonst siehst du so furchtbar alt aus." Nein, ich bin ein freier Mann und entscheide selbst, was ich mit meinen Haaren mache. Obwohl… Dieses „furchtbar alt aussehen", also das hat mich schon getroffen. Und dann… Okay. Mit dem Kompromiss, den sie dann vorschlug, kann ich leben. Darum hieß es gestern Abend nicht Haare färben, sondern ganz kurz scheren.

Direkt von schulterlang auf raspelkurz ist aber echt gewöhnungsbedürftig. Dennoch hat es auch Vorteile. Es spart morgens im Bad gut zehn Minuten und natürlich Strom. Brauche ja jetzt nicht mehr föhnen. Andererseits habe ich mal gehört, lange Haare zeichnen den freien Mann aus. Nur Sklaven werden geschoren. So ein Quatsch! Ich bin frei!

Ja, so frei, dass ich mir, heimlich versteht sich, ich will Moni ja nicht verärgern... Also ich habe mir ein Sandwich gekauft. Ja, mit echtem Sandwichtoast, Salami, Käse, Ei und, der Gesundheit wegen, einem grünen Salatblatt. Und dieses köstliche Sandwich werde ich jetzt hier in der S-Bahn verdrücken. Hm, lecker! Gerade vermiest mir nur eins den Appetit. Und das ist nicht der Gedanke daran, was Moni wohl sagen würde, sähe sie mich jetzt. Nein, die Rothaarige gegenüber, die starrt mich die ganze Zeit schon an. Manchmal verstohlen über den Rand ihres Buches hinweg und manchmal ganz offen, so wie jetzt gerade. Nun grinst sie auch noch! Was will die von mir? Ist das auch so eine, die nur von Körnen lebt und meint, wegen so eines Sandwiches sei ich dem Tode geweiht? Also das ist mir suspekt. Aber wie gesagt, ich bin ein freier Mann und kann tun und lassen was ich will. Also steige ich hier einfach aus und fahre mit der nächsten Bahn weiter. Dann kann ich mein Sandwich ohne lästige Zuschauer essen. Ich sag's ja: „Beschissener Morgen!"

Träum weiter

Du fragtest mich
wie ich es liebe.
Eher sanft und leis',
wild oder auch Hiebe?

Falls ich es mag
den Ton anzugeben,
mit Fesseln zu spielen,
möchtest du das erleben!

Eins weiß ich genau.
Du hast viel Phantasie.
Doch wie ich's wirklich liebe
erfährst du sicher – nie!

Liederabend

Heute tritt die weltbekannte Operndiva Brunhilde
Schütz in der Oranienburger Orangerie auf. Die Karten
für dieses einmalige Ereignis sind schon seit Wochen
ausverkauft und der Saal ist rappelvoll. Alle warten,
denn es fehlt nur eine – Brunhilde Schütz.

Brunhilde steht an dem kleinen Teich im Schlosspark
und singt, was das Zeug hält. Sie fühlt sich hier wohl,
geborgen, denn dieser kleine Flecken Wasser erinnert sie
an den Dorfteich in ihrem Geburtsort. Einem winzigen
Dörfchen im Brandenburger Land, nicht weit weg von
hier.

Ach ja, zuhause. Lange war Brunhilde nicht mehr dort
gewesen. Viel zulange. Tränen steigen ihr in die Augen,
denn sie erinnert sich an die Oma, die ihr abends immer
ein Schlaflied gesungen hatte. Und schon hört man hell
und klar das Lied von den Sternlein erklingen.

Aber beim Singen steigt die Trauer in Brunhilde auf und
mit ihr kommen die Tränen und dann… Die Töne blei-
ben Brunhilde im Halse stecken und sie beginnt zu kick-
sen. Immer wenn sie traurig wird, beginnt sie zu kicksen.

„Eh du da!" Brunhilde erschrickt. Wer ist da? Sie schaut

sich in der Dämmerung um. Ein paar Schritte entfernt sitzt ein Junge. Nein, eher ein junger Mann, und er winkt Brunhilde jetzt zu.

„He du, hier bin icke." Die Opernsängerin geht auf ihn zu. „Selber he du", antwortet sie. „Was willst du von mir?" „Ick wollte dir nich störn. Du hast so schön jesungen, also… So wat Schönet hab ick ewich nich jehört. Aber warum weenste denn jetzt?" Verschämt wendet Brunhilde sich ab. „Ach nur so", antwortet sie leise. Aber der junge Mann lässt nicht locker. „Ne du, nur so heult keener. Aber wenn de nich reden willst, denn hock dir her." Er zeigt auf den Boden neben sich. Und Brunhilde, die gefeierte Operndiva Brunhilde Schütz, setzt sich ins Gras neben den ihr wildfremden Kerl. Der reicht ihr erst ein „Tempo"- Taschentuch und dann eine Zigarette. „Komm nimm een Zuch. Det tut jut. Kannste olle Rocky jloben." Brunhilde schnäuzt sich ins „Tempo" und schüttelt den Kopf. „Rauchen schadet meiner Stimme", seufzt sie. Rocky grinst. „Wir rochen nich. Det is nur'n kleener Joint. Det beruhicht." Entsetzt wehrt Brunhilde ab. „Rauschgift? Ne du, lass mal."

„Quatsch Rauschjift. Ick weeß ja, dass man det och nicht rochen soll.

Aber alle Jubeljahre mal jeht det schon und besser als besaufen isset och. Normalerweise brauch ick det nich. Aber weeßte, meene Freundin ist zu eem Andern und unsern Sohn hat se mitjenommen. Meenen kleenen Racker, mit dem ick abends immer jesungen hab. Der Neue is irjend en Dokter, hat n jroßes Haus, n Boot und nu och ne Frau und en Kind. Meens! Und icke? Ick hab ne kleene Mietwohnung, bin Fliesenlejer und somit nüscht. Also gönn ick mir nen Joint und morjen jeht det normale Leben weiter. Na, willste nu? Manche kriejen det sojar verschrieben." „Aber ich muss in die Orangerie. Mein Auftritt…" Brunhilde will aufstehen, aber Rocky hält ihr die ominöse Zigarette vor die Nase. Vorsichtig, zögerlich nimmt Brunhilde den Joint, zieht, pustet, hustet, zieht nochmal. Und dann erzählt sie. Sie erzählt von dem kleinen Dorf, in dem sie lange lebte. Von dem Dorfteich, in den ein kleiner Bach fließt, welchen sie vor fast vierzig Jahren mit ihren Freunden staute. Sie erzählt Rocky, wie daraufhin die Wiese ihrer Oma überflutet wurde und sie selbst den Hintern versohlt bekam. Und wie ihr die Oma dennoch abends das Lied von den Sternlein vorsang, so dass der Hintern gleich gar nicht mehr so wehgetan hatte. Sie erzählt auch von ihrer Sehnsucht nach dieser unbeschwerten Zeit voller Abenteuer und voller Liebe. Während Brunhilde erzählt, sieht Rocky sie an. Er spürt, dass Brunhilde nicht in die Orangerie will. Er sagt: „Sing nochmal. Bitte! Für mir, für meenen Sohn, meene Freundin, aber vor allem sing für dir! Für deine Erinnerungen, denn die haste für imma in dein Herz jeschlossen."

Brunhilde steht auf, sieht ihn an und singt. Sie singt Abendlieder, bekannte Titel aus Opern, Kinderlieder. Rocky schaut zu ihr auf. Sie hat die Augen geschlossen und singt in die Nacht hinein. Sie ist so in ihren Erinnerungen gefangen, dass sie nicht bemerkt, wie Rocky ein Stück zu Seite rutscht und in der Orangerie anruft. Er gibt Bescheid, dass das Konzert der Brunhilde Schütz im Schlosspark stattfindet. Brunhilde braucht in dieser Nacht keine Begleitmusik, keine Bühne. Alles was sie braucht ist Ruhe, ihre Stimme und ihr Herz, das voll ist von Liebe und Musik. Brunhildes Augen sind immer noch geschlossen und sie singt für sich und für Rocky und als sie ihr Herz leer gesungen hat, lässt sie sich einfach wieder neben ihn ins Gras plumpsen. Genau da beginnt das Publikum, welches um den kleinen Badeteich herumsitzt, zu toben. Wochen später noch liefert dieses ganz spezielle Konzert Gesprächsstoff für die Zeitungen, denn es war das letzte Konzert, das die Diva gegeben hatte.

Nun wohnt Brunhilde Schütz wieder in dem kleinen Dorf mit dem Teich, in den ein Bächlein mündet. Sie gibt jetzt Gesangsunterricht für Kinder und ist einfach – glücklich.

Komm zurück

Wo die Wellen träge schlagen
an den Strand zur Abendstund',
wo gar mancher sinnend sitzt
oder spielt mit seinem Hund,
wo die Möwen kreischend stoßen
auf das Wasser silberhell,
dort bin ich und warte dein,
denn dort ist dein Lebensquell.

Wo die Wiesen saftig grün sind,
Gras so weich und traumgeprägt,
Bäume rauschen Liebeslieder,
wenn man sich darunterlegt,
wo der Himmel endlos weit ist
und das Land sich eben dehnt,
dorthin komm und finde die,
die dich gar so heiß ersehnt.

Wo die Weiden leise schaukeln,

wenn der Wind sie küsst so zart,

wo die Fischer Netze ziehen

und der Aal im Ofen gart,

wo die Sonne rot ins Wasser

sich hinab senkt, dorthin geh.

Dort, nur dort wirst du mich finden:

Ein Stück Heimat: Plau am See.

Nackt durch die Nacht

„Scheiß Nachtschicht!" Verärgert knallt Lisa die Tür ihres kleinen, gelben Flitzers zu. Das Geräusch rollt laut über den fast menschenleeren Parkplatz. Die Raucher neben dem Eingang zum Krankenhaus werden davon aufgeschreckt und drehen sich zu Lisa um, die nun auf das Haus zugeht. Von den Männern, die dort die letzte Zigarette des Tages genießen, wird sie grinsend erwartet. „Na Lisachen, nu ma ruhig. De Nacht geiht auch üm. Und du hest jo nix besseres zu don, als bi uns zu sin. Oder?" Lisa schmunzelt nun doch. „Richtig Herr Sommer. Eigentlich komme ich nur her, um sie alle ins Bett zu scheuchen. Also husch, husch." Sie wedelt mit den Armen, als wolle sie Hühner in den Stall jagen. Die Männer brummeln ein wenig, drücken aber gehorsam die Zigaretten aus und gehen ins Haus. Lisa droht dem Letzten mit dem erhobenen Finger. „Mensch, Herr Schubert! Lassen sie sich bloß nicht vom Chefarzt erwischen. Gestern operiert und heute mitsamt Infusionsständer beim Rauchen." Der alte Herr lächelt. „Och Meechen, lod mie man daun. Viel mehr Spoß heb ick jo nich. Jo, wär ich ten Johr jünger, denn könnt dat mit uns beiden spaßig werden." Lachend folgt er langsam den Anderen, die schon am Fahrstuhl auf ihn warten. Noch schnell ein Winken für Annelies, die Nachtschwester der Notfallambulanz, die um die Ecke schaut und schon setzt sich der Fahrstuhl in Bewegung. Auf der Ebene der chirurgischen und der inneren Station wird er die Männer wieder ausspucken, dass weiß Lisa. Sie hat sie fast alle aufgenommen, hier im Krankenhaus. Hat ihnen erklärt, wie sie zur Station kommen, ihnen die Telefone angemeldet und - wenn Zeit genug war, auch einfach mal ein paar Minuten mit ihnen geklönt. Einige sind schon das dritte oder vierte Mal da. Ältere Menschen eben, mit entsprechenden Krankheiten. Rita, ihre Kollegin erwartet sie schon, um die Tür auf Nachtmodus zu schalten. Nun kann jeder hinaus, aber niemand einfach so herein. Lisa legt die Tasche ab. „Na, heute hat die ‚Alt-Herren-Gang' aber pariert", schmunzelt Rita. „Ich mach dann mal Schluss. Du musst nur noch fürs Lager die Materialbestellung faxen. Sonst ist alles fertig." Sie nimmt ihre Sachen und kurz darauf hört Lisa, wie Ritas Auto startet. Dann ist endgültig Ruhe. Das Faxen dauert nicht lange. Lisa schaut schnell den Flur runter und um die Ecke in die Notfallambulanz, zu Annelies. „Wie sieht´s aus? Kommst du auf einen Kaffee rum?" Die Krankenschwester nickt. Sie kontrolliert gerade, ob das Verbandsmaterial aufgefüllt werden muss. „Ja, in einer Stunde etwa. Wenn nichts dazwischenkommt. Und Frank bring ich dann auch mit." „Gut, ich stell schon mal die Tassen raus." Lisa geht zurück zur Rezeption. Sie bereitet den Wasserkocher und die Kaffeetassen vor. In eine Tasse gibt sie drei gehäufte Teelöffel Zucker. Frank, der Fahrer des Noteinsatzfahrzeugs, liebt süßen Kaffee. Lisa schüttelt sich. Eklig! Da hört sie plötzlich ein Geräusch. Sie geht ins Foyer. Vor der Tür stehen zwei Männer. Sie wollen herein. Lisa fragt über die Sprechanlage. „Guten Abend. Worum geht's?" „Lassen sie uns mal fix rein. Wir sind vom Reha-Zentrum und müssen ins Bett." Der Mann grinst. „Ja, wir haben doch glatt das Abendessen verpasst. Aber im „Grünen Baum" war`s auch lecker." Lisa runzelt die Stirn. Aha. Patienten aus dem Reha-Zentrum, welches durch einen Flur direkt mit dem Krankenhaus verbunden ist. Die Männer waren in der Kneipe und sicher nicht nur zum Essen. Sie wissen, dass es Ärger gibt, wenn sie die Nachtschwester des Reha-Zentrums jetzt herausklingeln, denn ab 22 Uhr ist auch dort Nachtruhe angesagt. Lisa ringt mit sich. Soll sie sie wegschicken? Eigentlich muss sie das tun. Lässt sie sie herein und sie werden erwischt, haben nicht nur sie Ärger. Andererseits… Sie fast einen Entschluss. „He Jungs. Reinlassen kann ich euch nicht. Aber wenn ihr hinten am Hubschrauberlandeplatz mal guckt… Da rauchen die Nachtdienstler gelegentlich. Stellt euch dazu und dann…" Die beiden Männer lachen und recken den Daumen hoch. Sie haben verstanden, winken noch einmal und kurz danach sieht Lisa die zwei auf dem Bildschirm, der den Hubschrauberlandeplatz zeigt. „Die haben's gut. Ich würde jetzt auch gern schlafen", murmelt die junge Frau. Aber das geht nun mal nicht. „Was soll' s?" brummelt sie.

Nimmt ihren Krimi und kuschelt sich auf das Sofa im Foyer. „Mal sehen, wie es der Kommissar schafft, den Mörder zu fassen." Lisa ist in den Krimi vertieft. Es ist still im Haus. Sehr still. Die Patienten schlafen. Annelies ist beschäftigt, die Nachtschwestern auf den Stationen sind es auch, kein Anruf…. Langsam sinkt das Buch herunter, bis es mit einem Knall auf den Boden fällt. Lisa springt auf. Mist!

Doch eingeschlafen! Sie schaut auf die Uhr.

23.05 Uhr. Jetzt werden Annelies und Frank bestimmt bald auf einen Kaffee in die Rezeption kommen. Während Lisa den Krimi aufhebt, sieht sie auf dem Parkplatz eine Bewegung. Schnell läuft sie ans Fenster. Ein Dieb? In letzter Zeit wurden hier Autoräder geklaut. Einfach abmontiert, Steine unter die Achsen und fertig. Das wird doch wohl… Angestrengt schaut Lisa nach draußen, in die recht helle Sommernacht. Da! Da ist tatsächlich jemand. Duckt sich hinter den abgestellten Fahrzeugen, geht weiter. Jetzt ist er ganz zu sehen. Der ist… Lisa atmet scharf ein. Der ist nackt! Splitterfasernackt! Dann ist es wohl eher kein Dieb. Ein verwirrter Patient? Lisa greift das Telefon, fragt nacheinander auf allen Stationen nach, ob alle Patienten da sind. Aber es wird niemand vermisst. Auch die Nachtschwester aus der Reha hat alle Schäfchen beisammen. Sie schimpft noch über die zwei Männer die sie kurz vor elf im Foyer beim Kartenspielen antraf und legt dann übel gelaunt auf. Lisa überlegt. Der Nackte ist also kein Patient. Ob der Mann Hilfe braucht? Ist er Opfer eines Überfalls geworden? Aber hier?

In diesem kleinen Luftkurort in Mecklenburg?

Egal. Sie kann ihn doch nicht einfach da draußen herumlaufen lassen. Auch nicht, wenn die Nacht recht warm ist. Sie nimmt eine Rettungsdecke, stellt den Schalter der Tür auf „Tag", so dass sie schnell wieder ins Gebäude kann, sollte es doch brenzlig werden, und geht entschlossen hinaus. Anscheinend hat der Nackte gerade den Entschluss gefasst um Hilfe zu bitten, denn er kommt genau auf sie zu. Die Hände hält er schamhaft vor seine Blöße, so gut es geht. Plötzlich bleibt er stehen. Er hat Lisa entdeckt. Erschrocken reißt er die Hände vors Gesicht, dann nimmt er sie schnell wieder nach unten. Seine Miene zeigt, wie unschlüssig er ist. Lisa sieht es im hellen Mondlicht sogar von weitem. Plötzlich dreht der Mann sich um. Ja, er rennt die Einfahrt entlang in Richtung Straße. „Warten sie doch", ruft Lisa. „He, kommen sie her. Ich habe eine Decke und Kaffee." Aber der Mann rennt, als säße ihm der Teufel im Nacken. Lisa findet das Ganze recht komisch und muss beim Anblick des im Dunkeln blitzenden Hinterteils laut lachen.

Das treibt den Mann natürlich an. Er flitzt um die Ecke und ist hinter den Büschen am Straßenrand nicht mehr zu sehen.

„Man bin ich blöd", hadert Lisa mit sich selbst.

„Klar, dass der abhaut, wenn ich lache." Sie geht ins Haus, verschließt die Tür vorschriftsmäßig und erschrickt. Doch es sind nur Annelies und Frank, die vor ihr stehen. Die Beiden hatten von allem nichts mitbekommen und so erzählte Lisa ihnen die ganze Geschichte. „Ruf doch sicherheitshalber mal bei der Polizei an. Wer weiß, was hinter der Sache steckt. Überfall, Ehekrach. Kann ja alles sein", meint Frank nachdenklich. Lisa nickt. „Richtig. Hätte ich auch selbst draufkommen können." Schon hat sie die Nummer der Polizeistation gewählt. Der diensthabende Polizeihaupt -meister meldet sich. „Langer! Na, was ist denn bei euch los?" Die Polizisten kennen die Mitarbeiterinnen der Rezeption. Immer wenn sie in die Klinik kommen um z.B. Randalierer zur Erstversorgung oder zum Blutalkoholtest zu bringen, bekommen sie in der Wartezeit einen Kaffee oder ein Wasser. Und wenn die Mädels Zeit haben, auch ein Schwätzchen. Lisa erzählt dem Polizeihauptmeister die ganze Geschichte. Dann hält sie den Hörer ein Stück von sich weg. Lautes Lachen tönt heraus. „Sag mal Lisa, was hast du denn für wilde Träume?" fragt Langer.

45

„Ne, das war kein Traum. Der ist wirklich hier auf die Tür zugegangen. Echt! Vollkommen nackig!" Langer prustet in den Hörer. „Wie lang war denn sein Ding Dong? Du weißt schon." Jetzt wird es Lisa zu bunt. „Ehrlich? Darauf hab ich nun gar nicht geachtet. Aber wenn ihr den Kerl gefunden habt, kannst du ja nachmessen. Hauptsache ihr bewegt euch mal." Wütend knallt sie den Hörer auf. Noch bevor sie ihren Kollegen vom Gespräch mit Langer berichten kann, klingelt das Telefon. Der Polizeihauptmeister entschuldigt sich. „Tut mir leid. Ich wollte dich nicht aufziehen. Aber es hört sich ja wirklich komisch an. Egal. Du sagst, er lief Richtung Stadt? Wir fahren mal raus und gucken. Ich melde mich bei dir."

Lisa atmet auf. Jetzt hat alles seine Richtigkeit. Die Polizei übernimmt das Ruder und sie setzt sich mit Annelies und Frank an den Tisch und trinkt auf diesen Schreck erst einmal einen Schluck Kaffee, den Annelies inzwischen aufgebrüht hat. Natürlich sprechen sie über den Nackten. Auch einige Nachtschwestern kommen nach unten an die Rezeption und fragen nach dem Mann.

Plötzlich klingelte es an der Tür. Lisa öffnet sofort, denn es sind die Polizisten, die grinsend davorstehen.

Frank gießt schnell auch für die zwei Kaffee auf und dann erzählt Langer. „Also, wir sind die Straße hier heraufgefahren. Und da kam er uns tatsächlich entgegen, dein Nackter. Vor und hinter sich hielt er jeweils einen Ast, um seine Blöße zu verstecken. Du, dass sah vielleicht lustig aus, wie er die Straße entlang schlich. Und wie der sich erschrocken hat, als wir neben ihm hielten." Langer hat vor Lachen Tränen in den Augen und seinem Kollegen geht es nicht besser. „Ja, aber warum rennt der denn nachts so durch die Gegend?", will Annelies wissen. Jetzt erzählt Wachtmeister Stern. „Er ist Urlauber und war zum Nachtschwimmen mit Kumpels aus der Gegend. Nackt natürlich, wegen des bessern ‚Feelings'. Und dann sind die Freunde irgendwo an Land gegangen, was er nicht merkte, denn er ist Sportschwimmer und war ihnen weit voraus. Als er es endlich doch checkte, ging er auch an Land. Nur leider kennt er sich ja hier nicht aus. Und nun stand er da, ohne Freunde, ohne Klamotten, mitten in der Nacht in einer fremden Gegend. Er wusste nicht wohin und lief auf das einzige Licht zu, das er sah. Das Krankenhaus." Langer unterbrach ihn prustend.

„Ja, und dann stürmt ihm so eine wilde, rothaarige Frau entgegen und lacht ihn aus und mindestens zwanzig andere standen an den Fenstern. Da wollte er nur noch weg." Lisa schüttelt den Kopf. „Zwanzig an den Fenstern? Na ja, anscheinend war er doch etwas verwirrt. Und wild bin ich nun wirklich nicht. Aber wo habt ihr ihn gelassen?" Stern ergreift wieder das Wort. „Wir haben ihm eine Decke gegeben und zurück ins Hotel gebracht. Der Nachtportier hat nicht schlecht geguckt. Aber dann tauchten auch besagte Freunde auf. Die hatten ihn gesucht und wollten noch im Hotel nachschauen ob er wieder da sei. Sonst hätten die uns angerufen." Der Wachtmeister nimmt den letzten Schluck Kaffee: „So Chef, nun komm. Der Nackte ist versorgt und die Mädels haben morgen bei Dienstübergabe was zu erzählen. Aber wir müssen noch den Bericht schreiben. Also tschüss alle Mann." Er winkt und geht hinaus. Langer sieht Lisa, plötzlich ganz ernst, an. „Ach herrje, ich hab was vergessen." Irritiert fragt Lisa: "Was vergessen? Ja, was denn?" Grinsend antwortet Langer. "Na, zu messen wie lang..." Dann beeilt er sich, durch die Tür zu kommen, damit er nicht von Lisas Krimi erschlagen wird.

Das Fröschlein

So still und leis die Havel fließt.
Sie glänzt recht in der Sonne.
Ein Fröschlein, dass am Ufer sitzt,
das denkt sich voller Wonne:

Wie schön der Tag, wie hell und klar.
Ich will ihn recht genießen.
Dazu ne fette Mücke noch,
das würde ich begrüßen.

Da summt schon eine um ihn rum.
Sie sieht den Frosch dort hocken.
Der will mich fangen; denkt sie schlau.
Doch dann schaut sie erschrocken!

Denn Adebar, der alte Storch,
der schnappt ganz frech und keck
schnell mit dem langen Schnabel zu.
Schon ist das Fröschlein weg!

Resawiehert

Ich muss umdenken! Auch wenn es mir schwerfällt. Aber die deutsche Sprache ist im Umbruch und da muss ich durch, ob es mir passt oder nicht. Ehrlich gesagt habe ich damit ein Problem, denn ich liebe meine Muttersprache. So, wie sie ist. Ich liebe auch das alte Deutsch mit Wörtern wie „Trunk" oder „sieden". Aber selbst im Internet findet man bei der Suche nach alten deutschen Worten eher sowas wie „Kaffeeklatsch". Oh Schreck! Kann es daran liegen, dass ich einfach selbst schon zu alt bin? Ich darf gar nicht weiterdenken. Aber muss ich auch nicht. Nur mich ans neue Deutsch gewöhnen, das muss ich. Sonst habe ich ganz schlechte Karten im Umgang mit den Menschen an sich und mit Kneipenwirten im Besonderen. Wobei ich hoffe und insgeheim sogar bete, dass dieser eine Wirt die Ausnahme ist. Alles begann an einem sonnigen Sonntagnachmittag im August. Ich hatte nichts zu tun und wollte den Tag bei einem Bummel an der Spree genießen. Vielleicht würde ich irgendwo einkehren und einen Kaffee trinken, ein Eis essen. Mehr wollte ich an diesem herrlichen Tag nicht tun.

Es lief bestens. Die S-Bahn fuhr pünktlich, die wenigen Mitreisenden waren ebenfalls gut gelaunt, so dass die Fahrtzeit bei einem Plausch rasch verging. Der Spaziergang entlang der Spree war einfach herrlich. Ich stand minutenlang am Ufer und beobachtete die Sonnenstrahlen, die sich im Wasser fingen, so dass es funkelte und glitzerte, als sei es selbst aus reinem Gold gemacht. Ich sah Fische, die kurz aus dem Wasser tauchten, Libellen die feengleich über allem tanzten, Schmetterlinge, die, wie von Zauberhand gemalt, herumgaukelten und ebenso leichtflüglig wieder verschwanden. All diese Eindrücke, noch dazu bei dieser Sommerhitze, machten mich durstig. Also ging ich weiter, immer am Ufer entlang und hoffte, ein Café oder eine kleine, gemütliche Kneipe zu finden. Tatsächlich fand ich nach nur hundert Metern eine Strandbar. Hier würde ich den Blick auf die Spree weiterhin genießen können, denn direkt am Wasser war noch ein Tisch frei! Schnell ging ich auf diesen zu, rückte einen Stuhl ab und wollte mich gerade hinsetzen, als mich eine schrille, laute Stimme stoppte. „Eh man, kannste nich lesen? Det is resawiert!" Kopfschüttelnd eilte der Kellner an mir vorbei. Das ärgerte mich.

Nicht das Kopfschütteln oder die Reservierung an sich. Aber erstens bin ich nicht „Mann", sondern „Frau" und ein wenig Höflichkeit muss sein, bei aller Liebe zur Berliner Schnauze. Doch ich hatte Durst und so wendete ich mich gerade einem anderen Tisch zu, als das „Reserviert"- Schild, dass ich übersehen hatte, meine Aufmerksamkeit auf sich zog. Da stand in Großbuchstaben und ganz fett geschrieben „**RESAWIEHERT**". Ich schaute noch einmal genau hin. Aber an der Schreibweise änderte sich nichts. Und da wurde plötzlich ein Teufelchen in mir wach.

Als der Kellner eben wieder vorbeieilen wollte, stoppte ich ihn und fragte: „Sagen sie, kann man für diese Aufführung noch buchen?" Er starrte mich an, als hätte ich Mandarin gesprochen. „Wat' denn für ne Aufführung?" „Na, dieses Event dann eben. Wo Resa wiehert. Ist bestimmt einmalig?" Ich sah ihn fragend an. Er zerbrach sich den Kopf darüber, was ich wohl meinte. Das sah man ihm an. „Wat' für'n Event? Warten se ma kurz. Ick hol den Chef!" Also wartete ich, bis er bedient und den Chef informiert hatte. Der Fleischberg, der kurz darauf auf mich zusteuerte, machte schon einen bedrohlichen Eindruck.

Aber ich wollte und konnte mich angesichts dieser Schreibweise nicht zurückhalten.

„Wat jibt et hier für'n Problem?" grollte der Wirt mir entgegen. Zuckersüß säuselte ich zurück: „Gar keins. Ich wollte nur gern wissen, wann Resa hier wiehert." „Wer iss'n Resa? Und wo soll der wiehern?" Erstaunen in seinen braunen Augen. „Na, dass müssen sie doch wissen.", mime ich die Ahnungslose und weise auf das Schild. „Haben sie das hier nicht geschrieben? Dann müssten sie vielleicht noch Datum und Uhrzeit dazu schreiben. So braucht dann keiner fragen. Also, wann wiehert er denn nun? Ist es überhaupt ein „er" oder eher eine „sie"?", setzte ich noch einen drauf. Der Mann drehte den kahlen Kopf in Richtung des Schildes. Plötzlich atmete er zischend ein, sah mich aus kullerrunden Augen an. Sein Gesicht wurde tomatenrot und er sprach gefährlich leise: „Woll'n se mir verarschen oder wat? Da steht resawiehert!" Ich hätte vielleicht nicht drauf rumhacken sollen, aber das Teufelchen beherrschte mich völlig. „Ja eben. Resa wiehert. Aber wann?" Treuherzig blickte ich auf, in die nunmehr zu zwei Sehschlitzen verengten Augen. „Resawiehert du blöde Kuh. Resawiehert!

Kannste keen

Deutsch nich lesen, oder wat?" Er buchstabiert es für mich. „R –e-s-a-w-i-e-h-e-r-t! Besetzt heißt dette. Klar?" Nach diesem Ausbruch sank er förmlich in sich zusammen. „Und nu verzieh dir. Hier biste nich erwünscht." Sein Bockwurstähnlicher Zeigefinger wies auf den Weg, entlang der Spree. Ich holte einen Zettel aus meiner Handtasche, schrieb „RESERVIERT" drauf, reichte es dem Mann und sagte: „Das Wort kommt aus dem Französischen. Aber das hatten Sie wohl nicht als Wahlfach? Ich hab's ihnen mal richtig aufgeschrieben, damit vermeiden sie lästige Nachfragen."

Und dann war ich froh darüber, heute meine Sneakers, auf Deutsch, Turnschuhe, angezogen zu haben.

Melisande

Es ist ein wunderschöner Freitagmorgen im Frühsommer. Ein Morgen mit Vogelgezwitscher, Sonnenfingern, die weich über das Pflaster des Gehweges streichen und mit dem Blätterrauschen der Birken und Linden, in denen der Wind spielt. Melisande tanzt mit den goldenen Sonnenstrahlen um die Wette, hüpft von einem Pflasterstein zum nächsten und zwitschert dabei wie die Vögel ringsum, auch wenn sie kein junges Mädchen mehr ist. Alle in dem kleinen Städtchen kennen Melisande und viele finden sie etwas „verdreht", aber nett. Opa Karl, der neben ihr im Aufgang wohnt, erzählt oft, wenn er im „Klabautermann" sein Bierchen trinkt, dass Melisande schon hundert Jahre alt sei. Sie sei eine Hexe. Das wüsste er von seinem Vater, der Melisande schon gekannt habe, als sie in das Städtchen gekommen sei. Sie hätte da schon ebenso ausgesehen wie heute. Klein und mollig, mit bernsteinfarben funkelnden Augen und flammendrotem, hüftlangem Haar, dass von einzelnen grauen Strähnen durchzogen ist. Sie hätte damals seinen eigenen Vater, den ollen Piet verzaubert, so dass er sich, obwohl verheiratet, in Melisande verliebt habe. Jedoch hätte sie ihn nicht erhört und Piet habe sich deshalb in der Havel ertränkt. Immer wenn Opa Karl diese Geschichte in der Kneipe zum Besten gibt, winken alle ab. Jeder weiß, dass der „olle Piet" seinerzeit sturzbesoffen in die Havel gefallen und ertrunken war. Und dass Melisande Olariu zu dieser Zeit noch gar nicht im Ort wohnte. Melisande ist das Gerede völlig egal. Sie liebt das Leben, die Natur, die Tiere und die Menschen. Und wo sie kann, hilft sie gern. Melisandes sanfte Hände lassen Rückenschmerzen vergehen und Warzen hat sie schon oft erfolgreich besprochen. Ein klein wenig Zauberkunst gestehen ihr viele schon zu. Melisande stört das nicht. Sie genießt jeden Tag. Egal ob die Sonne scheint, es regnet, schneit oder stürmt. Heute ist es die Sonne, die sie erfreut, als sie so fröhlich über die Wege an der Havel entlang hopst. Plötzlich bleibt sie stehen, gestoppt von hämischem Gelächter. Drei junge Männer kommen ihr entgegen, keiner von ihnen ist älter als siebzehn. Es sind Jerome, Pierre und Quentin. Drei Freunde, die sich oft über Melisande lustig machen oder sie sogar quälen. So wie vor drei Wochen, als sie im Garten war.

Da hatten die Jungs Melisandes Katze mit dem Schwanz an den Zaun gebunden und sich halb totgelacht, als Melli das arme, vor Schmerz wilde Tier, befreien wollte. Sie hatten gelacht, als die Katze, endlich frei, davon schoss und auf die Straße rannte. Sie hatten hinter den Sträuchern gesessen und gelacht, als das Tier überfahren wurde und Melli weinend neben ihm auf die Knie fiel.

Jetzt bleiben die Jungs stehen, sehen sich um. Niemand in der Nähe. Jerome geht auf Melisande zu. Er tut so, als übergäbe er ihr sein schlagendes Herz und beginnt gleichzeitig lauthals einen alten Smokie-Titel zu singen: "I just died in your arms tonight". Die Jungen lachen, als sie Melisandes erschrockenes Gesicht sehen. Dann aber lächelt die Jerome plötzlich an, tut, als nähme sie das Herz entgegen und flüstert: "Wie du willst, mein Lieber!" Dann sieht sie dem Jungen tief in die Augen und tanzt einfach weiter den Weg entlang.

Jerome hat plötzlich ein komisches Gefühl im Bauch. Melisandes Lächeln war so merkwürdig. Noch immer steht er ganz starr, sieht ihr hinterher. „Eh, was hat die Alte gesagt?", fragt Pierre. Jerome schüttelt sich und antwortet: „Ach, egal. Ich hab jedenfalls keine Lust mehr aufs Kino."

Da war etwas an Melisandes Stimme, was ihm Angst gemacht hatte. Pierre kichert. „Eh, man, Alda. Lass dir doch von der ollen Hexe nüscht erzählen. Komm mit. Der Film ist geil." Doch Jerome lässt die Freunde stehen und geht nach Hause.

Melisande ist inzwischen beim Bäcker angekommen. Dort trifft sie Georgina, die sie schon als kleines Kind gekannt hatte. Nun ist die selbst eine Mama. Melisande sieht in den Kinderwagen, aus dem ein klägliches Wimmern dringt. „Ach, wie schön, dass ich dich treffe." Georgina umarmt Melisande liebevoll. „Du kannst mir sicher helfen.", sagt sie. „Mein Kleiner weint immerzu und ich weiß nicht, was er hat. Ich heul vor lauter Verzweiflung schon mit." Melisande schaut noch einmal in den Wagen. Dann kitzelt sie den Kleinen mit einer Strähne ihres roten Haares, pustet ihm dabei ins Gesicht und streichelt ihm das Bäuchlein. Der kleine Racker quengelt noch kurz, dann hört er auf zu weinen und nuckelt still vergnügt an seinem großen Schnuller. Melisande streichelt Georgina ganz leicht über die Stirn und sagt: "Musst dir nicht so große Sorjen machen. Gib ihm ein bisschen Milchzucker, massiere das kleine Bäuchlein, dann wird alles gut."

Georgina atmet tief durch und kauft für Melisande ein Stück Butterkuchen. Sie weiß, dass sie dem nicht widerstehen kann. Mit einem Lachen schnappt Melisande das Kuchenstück und hopst weiter die Straße entlang. „Keine Sorjen, keine Sorjen!", ruft sie mit jedem Hüpfer. Kopfschüttelnd sehen ihr die einen, lächelnd die anderen hinterher. Melisande aber hat Georgina, das Baby und auch Jerome und seine Freunde längst vergessen. Sie ist einfach glücklich über den Butterkuchen, der süß ihren Mund füllt.

Vier Wochen später, Karl gibt am Stammtisch gerade wieder die Geschichte vom „ollen Piet" zum Besten, betritt Melisande den „Klabautermann". Sofort ist es still in der Wirtsstube. Auch Karl schweigt. Er schaut fast sehnsüchtig zu der kleinen, molligen Melisande hinüber. Als spüre sie seinen Blick, richten sich ihre bernsteinfarbenen Augen auf ihn und Karl wird es heiß in seiner Weste. Der Wirt des „Klaubautermann" fragt: "Na Frau Olariu, was soll's sein?" Melisande bittet um eine Bionade und setzt sich damit zu Karl und den anderen Männern an den Stammtisch. Damit ist der Bann anscheinend gelöst, denn alle nehmen ihre Gespräche wieder auf.

Melisande aber streicht Karl lächelnd über den Arm, beugt sich zu ihm hinüber und flüstert: „Ganz der Papa, mein Lieber!" Karl ist wie vom Donner gerührt. Er sieht die anderen in der Runde an. Aber scheinbar hat niemand außer ihm Melisandes Worte gehört. Die unterhält sich inzwischen mit den anderen Männern am Tisch. Fragt Max nach seiner Tochter Georgina und dem Baby, gibt Hubert Tipps, wie die Tomaten besser gedeihen und lächelt ab und zu den Karl an. Hubert erzählt ihr bei dieser Gelegenheit auch von den Sorgen um seinen Enkel Jerome. „Ja weißt du, der Bub ist ganz merkwürdig. Er geht seit Wochen kaum noch aus dem Haus. Sitzt in seinem Zimmer, hört immer nur Musik." Kopfschüttelnd schaut er in sein Bierglas. „In dem Alter sollte er doch was unternehmen. Mit Freunden oder Mädchen oder so?" Ratlos sieht er nun Melisande an. Die schaut im geradeheraus in die Augen. „Vielleicht hat er ja sein Herz schon an eine Frau verschenkt und wartet nun auf sie? Wer weiß das bei der Jugend schon." Sie lächelt und trinkt ihr Glas aus. „Ich geh dann mal. Ist spät für eine alte Frau." Hubert nickt. „Warte, ich komm mit. Wird auch für mich Zeit."

Er zahlt sein Bier und Melisandes Bionade und hakt sich bei Melli unter, ohne auf Karls eifersüchtige Blicke zu reagieren. Als das Paar aus der Kneipe tritt, steht Jerome direkt vor ihnen. Der sieht seinen Opa, eingehakt in Melisandes Arm. Erschrocken wegen der unerwarteten Begegnung mit der Frau tritt er einen großen Schritt zurück. Nun steht er direkt auf der Fahrbahn. Da schreit Melisande auf und greift nach dem Jungen. Zwar kann sie ihn noch zu sich ziehen, aber das Auto, dass plötzlich um die Ecke geschossen kommt, streift Jerome dennoch mit Wucht. Er wird von Melisande weggerissen und auf die Straße geschleudert. Melisande stürzt los, sinkt neben ihm auf die Knie, legt seinen Kopf auf ihren Schoß und hält seine Hand. Und während ihre Tränen auf seine Stirn tropfen, öffnet er die Augen. „Sterbe ich heute Nacht in deinen Armen?", flüstert er und drückt, während er vor Schmerzen das Gesicht verzieht, Melisandes Finger. Die aber streichelt seine Wange und schüttelt den Kopf: "Nein mein Lieber. Ich passe auf, dass dein Herz weiterschlägt. Bei mir ist es sicher." Die Sirenen des Krankenwagens kommen schnell näher.

Nächtliche Schatten

Schatten tanzen durch die Nacht,
alles schwarz und still.
Einsamkeit, die nun erwacht,
und nicht weichen will.

Träume mich in deinen Arm,
fühl mich dort geborgen.
Er umfängt mich stark und warm,
verjagt die grauen Sorgen.

Schatten weichen in die Nacht,
Liebe deckt mich zu.
Fühle mich von dir bewacht,
finde endlich Ruh.

Die olle Agathe

Kleinhaseloh ist ein Dorf, das direkt an der Ostsee liegt. Und bisher ist es noch ein Geheimtipp unter Urlaubern. Doch die, die schon einmal hier waren, geben ihn weiter. Und so kommen Jahr für Jahr im Sommer immer mehr Fremde nach Kleinhaseloh. Das ist natürlich gut für die Besitzer der Ferienwohnungen und für die beiden Gasthäuser, die es hier gibt. Besonders beliebt ist der Gasthof „Zum grunzenden Eber". Er steht erhaben auf einer kleinen Anhöhe, fast am Ende des Dorfes. An die Gaststube mit den großen Fenstern grenzt eine Terrasse und so kann man, egal ob man drinnen oder draußen sitzt, genau auf das Meer schauen. Nur ein breiter, weißer Sandstrand trennt es vom Ort. Dadurch hat der Wirt des „grunzenden Ebers", Karl Mettner, vor allem in der Sommersaison immer eine volle Gaststube. Das ist auch in diesem Jahr wieder so. Nur bekommen seine Gäste, zum Leidwesen des Wirtes, in diesem Jahr noch ein anderes Schauspiel geboten! Karl Mettner grübelt seit Tagen, wie er sein Problem lösen kann.
Jetzt jedoch ist es achtzehn Uhr und es wird Zeit, dass er

in die Gaststube geht und seiner Kellnerin Angie bei der Arbeit hilft. Mettner seufzt, denn achtzehn Uhr bedeutet auch, dass Agathe bald auftaucht. Die „olle Agathe", wie er sie nennt. Karl Mettner schüttelt sich. „Mein persönlicher Albtraum seit sieben Tagen", murmelt er. Doch dann hat er keine Zeit mehr, über Agathe nachzudenken. In der Wirtschaft sind fast alle Plätze schon besetzt und Angie ist flink unterwegs. Mettner tritt an den Stammtisch. Hier bedient nur er. Der Brandner Klaus und der Stuchel Franz grinsen ihm entgegen. „Na Karl. Wie schaut's aus? Gibt es heute die Antwort?", fragt Franz. Karl platzt heraus: „Ach lass mich doch in Ruhe. Sag was du essen willst und gut. Ich habe zu tun." Doch bevor er die Bestellung der beiden aufnehmen kann, öffnet sich die Tür zur Wirtsstube. Plötzlich herrscht Totenstille im Raum. Karl Mettner dreht sich langsam, fast ängstlich um. Und wirklich, da kommt sie. Klein, dürr, faltig und klapprig ist Agathe. Manche sagen, sie sei weit über achtzig, andere schätzen sie auf fast hundert Jahre. Keiner weiß es genau. Agathe trägt, wie immer, einen langen schwarzen Rock, eine dunkelgeblümte Bluse und dazu Männerschuhe.

Ihr eisengraues Haar ist, bis auf eine Strähne, unter dem dunkelblauen Kopftuch versteckt, das unterm Kinn mit einem straffen Knoten gebunden ist. Langsam schiebt sie ihren Rollator vor sich her, steuert direkt auf den Stammtisch zu. Alle Blicke folgen ihr. Niemand sagt ein Wort. Alle sind gespannt. Wird Agathe wieder fragen? Wird sie eine Antwort bekommen? Die Einheimischen wissen, dass es um eine Wette zwischen dem Wirt und Agathe geht, welche die Alte wohl verloren hat. Allerdings nur, weil der Wirt und sein Freund, der Bürgermeister, sie betrogen haben sollen. Die Urlauber finden einfach spannend, dass der große, kräftige Eber-Wirt anscheinend Angst vor dieser klapprigen Alten hat. Agathe aber genießt die Aufmerksamkeit sichtlich. Lächelt mit dem fast zahnlosen Mund mal nach links, grüßt mit einem Nicken nach rechts und macht erst halt, als sie vor dem Stammtisch steht. Der Brandner steht auf, schiebt ihr einen Stuhl zurecht, stellt den Rollator an die Seite. Agathe lässt sich mit einem kleinen Seufzer auf den Stuhl sinken. Dann schaut sie hoch zum Wirt, der mit seiner Größe von einem Meter neunzig und seinen fast einhundertzwanzig Kilo wie ein Fels vor ihr aufragt.

Doch die Alte lässt sich davon kein bisschen beeindrucken. Ihre graugrünen, immer noch scharfen, wachen Augen mustern ihn. „Na Karl. Hat er oder hat er nicht?", schnarrt ihre dünne, krächzende Stimme plötzlich durch den Raum. Alle schauen zum Wirt. Was wird er tun? Seit sieben Tagen kommt die Alte jeden Abend hierher. Seit sieben Tagen stellt sie immer wieder nur diese eine Frage. Seit sieben Tagen bleibt der Wirt die Antwort schuldig. Und …

Seit sieben Tagen wird die Gaststube immer voller, weil sich Agathes Auftritt herumgesprochen hat. Alle wollen endlich die Antwort hören. Nur, welche? Doch der Mettner schweigt und das hat wohl mit dem Wetteinsatz zu tun. Was das für ein Einsatz ist, darüber können selbst die Einheimischen nur spekulieren.

Karl Mettner aber erträgt das Gemunkel unter den Urlaubern, das Getuschel und Gekicher der Einheimischen, von denen jetzt abends auch immer mehr in den „grunzenden Eber" kommen. Er erträgt die belustigten Blicke seiner Kellnerin, des Kochs und aller anderen Angestellten, denn er weiß, dass eine Antwort ihn teuer zu stehen kommen würde. „Was willst du essen?", fragt er deshalb nur kurz angebunden.

„Ach eine Soljanka wäre schön. Dazu frisches Weißbrot und einen doppelten Wodka", bestellt Agathe und wendet sich dann dem Brandner und dem Stuchel zu, als sei nichts gewesen. Karl gibt die Bestellung in der Küche ab, doch da steht alles schon bereit, denn Agathe nimmt jeden Abend dasselbe Mahl. Also geht Karl damit an den Tresen, um den Wodka zu holen. Doch auch Angie war flink und stellt ihm das gefüllte Glas aufs Tablett. „Bring du's ihr.", knurrt der Wirt sie an. Frech grinsend antwortet Angie: "Aber Chef, das ist der Stammtisch!" Karl nimmt achselzuckend das Tablett und serviert der „ollen" Agathe mit mürrischer Miene das Gewünschte. Die nickt, hebt den Wodka, schaut ihn an: "Na, hat er nu oder hat er nich?" Karl zuckt mit den Schultern, Agathe kippt den Wodka, reicht ihm das Glas. Ohne Worte geht Mettner an die Theke, lässt nachfüllen und bringt Agathe das volle Glas zurück. Die hebt es, dreht es zwischen den knochigen Fingern, sieht in den klaren Schnaps, als wäre er eine Kristallkugel. „Du Karl", krächzt sie, „ab morgen kommt meine Familie zu Besuch. Und ich habe eine große Familie. Vier Töchter, drei Söhne und alle haben Kinder.

Und natürlich kommen auch die Schwiegerkinder und Enkel mit. Nicht zu vergessen sind auch die Eltern der Schwiegerkinder, soweit sie noch leben, dabei", grinst sie ihn zahnlos an. „Die kommen jeden Abend her. Bis du mir antwortest." Listig linst sie zu ihm hoch. „Das kann dich noch einiges mehr kosten als jetzt schon." Die Alte schaut sich, zahnlos grinsend, in der Gaststube um. „Also überleg dir, ob du mir nicht doch lieber heute antworten willst. Prost!" Agathe schluckt den Wodka, ohne eine Miene zu verziehen.

Alle in der Gaststube hatten staunend die Ohren aufgesperrt. Das hörte sich ja fast wie eine Drohung an? Aber je mehr Leute kamen, desto höhere Einnahmen für den Wirt! Was also verbirgt sich hinter diesen Worten? Warum sollte er Angst davor haben, dass Agathes Familie mit vielen Leuten hier auftaucht? Und warum läuft Karl so feuerrot im Gesicht an? Plötzlich schreit er: "Ja, Gott verdamm mich. Ja, er hat! Der Bürgermeister hat dich beim Wetttrinken nur geschlagen, weil er ab dem zehnten Wodka nur Wasser im Glas hatte! So und nun löse ich meine Wettschulden ein. Dann hast du alte Ziege endlich erreicht, was du wolltest. Jetzt her mit dem Zettel."

Alle starren erst Karl Mettner und dann Agathe an. Die aber springt plötzlich, wie Rumpelstilzchen zufrieden lachend, auf ihrem Platz herum. Dann ruft sie: „Ich hab's gewusst. Ich hab's ja gewusst! Nie hätte mich dieses Bürschchen von Bürgermeister unter den Tisch trinken können. Niemals! Das konnte nur Betrug sein. Und du, mein lieber Karl kriegst den Schein wieder, wenn die Wettschulden eingelöst sind. Das heißt, liebe Leute", wendet sie sich an die Gäste, „dass der Eber-Wirt jedem, der heute Abend bis vierundzwanzig Uhr hier reinkommt, ein kostenloses Essen von seiner Karte spendiert. Dazu den ganzen Abend freie Getränke für alle. Also esst und trinkt Leute. Ruft eure Freunde an, dass sie herkommen sollen. Alle sollen Spaß haben." Dann wendet sie sich wieder an Karl Mettner: "Eine alte Frau betrügt man nicht ungestraft. Du kannst dir ja die Hälfte deiner Kosten von deinem ebenso betrügerischen Freund wiederholen. Ach ja, und bring mir doch am besten gleich die Wodkaflasche!" Agathe zieht einen Zettel aus der Tasche, legt ihn auf den Tisch. Wie gut, dass sie alles schriftlich festgehalten und von Karl unterzeichnen lassen hat. Sonst hätte er sie wohlmöglich wieder betrogen. „Auf Freunde, esst und trinkt. Der ‚grunzende Eber' zahlt", ruft sie noch einmal lachend in den Gastraum. Auch der Brandner und der Stuchel haben vor Lachen Tränen in den Augen, als sie bei Karl, der auffallend einem grunzenden Eber ähnelt, ihre Bestellung aufgeben.

Der Wirt und Angie haben alle Hände voll zu tun. Er zähneknirschend, sie kichernd. Als Karl die Schnapsflasche vor Agathe auf den Tisch knallt, sieht sie blinzelnd zu ihm auf.

„Ach, und eins noch Karl.", schmunzelt sie ihn an. „Ich bin die Letzte aus meiner Familie. Prost!"

Es war Sommer

Dieser Titel von Peter Maffay geht mir nicht aus dem Kopf, wenn ich zurückdenke. Vor fast genau einem Jahr lernten mein Mann Torsten und ich Anna kennen. Sie wurde unsere neue Nachbarin. Nach vier Wochen schon hatte sie mich zur Weißglut gebracht. Sexy sah sie aus, wenn sie in dem türkisfarbenen Mini-Bikini auf dem Balkon auftauchte. Tatsächlich war das Ding mehr Mini als Bikini. Ich musste allerdings zugeben, dass dieses Türkis die sanfte Bräune ihrer Haut so richtig zur Geltung brachte. Das Oberteil wurde von Brüsten ausgefüllt, die gar nicht echt sein konnten! Ne, so prall, das war sicher Silikon. Die schmale Taille ging über in klassisch runde Hüften und dieses Mini-Dingsbums ließ auch von ihrem Apfelpo ziemlich viel sehen. Bis zu eben diesem fielen ihre dunklen Locken, die ihr herzförmiges Gesicht seidenweich umschmeichelten. Dadurch hatte sie etwas rührend Unschuldiges an sich. Und doch wusste ich es schon damals ganz genau: Sie ist ein Biest! Anfangs fand ich es gar nicht so schlimm wie sie da den ganzen Tag anscheinend nichts Anderes tat, als auf dem Balkon herumzusitzen, sich zu pflegen, zu lesen oder zu schlummern. Ich dachte nur, dass ich gern auch mal so viel Zeit für mich hätte, statt acht Stunden täglich im Einkaufscenter zu schuften. Wie ich bemerkte, bekam sie gelegentlich Besuch von einem jungen Mann. Das Geturtel der zwei nervte mich allerdings schon bald. „Hallo Süße, geht's dir gut?" „Ja, Kläuschen, es geht schon?" „Kann ich dir behilflich sein?" „Nein, aber lieb, dass du fragst." Oh Gott, als ob sie beim Nichtstun Hilfe bräuchte. Irgendwann bekam ich mit, dass Torsten heimlich immer wieder zu ihr rüber schaute und dann mich ansah. Verglich er uns etwa? Und auch sie schaute öfter mal zu uns rüber. Wenn ich sie dabei erwischte, schaute sie wieder weg. Manchmal wurde sie sogar rot.

Mir war klar, dass mein Mann jede Menge Zeit zum Gucken und vergleichen hatte, schließlich arbeitete er die meiste Zeit von zuhause aus. Lass ihn gucken, dachte ich. Solange ich es bin, die er dann vernascht. Nach einigen Wochen aber, als Torsten eines Abends fragte: „Sag mal, was hältst du von unserer schönen Nachbarin?", platzte mir der Kragen.

„Wohl nicht ganz so viel wie du!", fauchte ich ihn an.

„Denkst du, ich hab nicht gemerkt, wie du sie anschaust? Ja, sie ist schlank, knackig, und jung.

Deshalb muss dir aber nicht der Hahnenkamm oder anderes schwellen." Torsten sah mich mit offenem Mund an. „Was ist denn in dich gefahren?" Wutentbrannt stellte ich mich vor ihn, die Arme in die Hüften gestemmt. „Denkst du ich merke nicht, dass sie dir gefällt? Willst du gleich nach nebenan ziehen?", blitzte ich ihn an. Er zog mich in seine Arme. „Schatz du bist ja eifersüchtig." Ich sah an mir herunter. „Mit der kann ich doch nicht mithalten. Ich habe ein paar Pfund zu viel auf den Rippen und so knackig ist das alles auch nicht mehr." Torsten küsste mich. „Aber diese Pfunde liebe ich doch an dir - jedes einzelne." Ich glaubte ihm nur zu gern. Knapp sechs Wochen später aber passierte es. An einem der letzten schönen Augusttage bereitete ich alles zum Grillen vor. Schließlich wollten wir den Sommerabend noch genießen! Viel war nicht mehr zu tun. Ich musste nur die Steaks einlegen, die ich eben gekauft hatte und das Bier kaltstellen. Und dann, gerade als ich unsere Wohnungstür aufschloss, hörte ich Stimmen aus der Nachbarwohnung, deren Tür nur angelehnt war.

„Du hast bestimmt genug zu tun. Außerdem muss deine Frau jeden Moment nach Hause kommen", flötete die Nachbarin. Mir fiel fast die Einkaufstüte aus der Hand, als ich Torsten antworten hörte: „Ja, aber die kann sich auch mal selbst helfen. Dauert doch nur ein paar Minuten. Und so ist, wenn Klaus kommt, alles fertig." Torsten war bei Anna? Warum? Und er duzte sie? Völlig verstört stolperte ich schnell in unsere Wohnung, machte die Tür leise zu und holte tief Luft. Ich musste wissen, was da lief. Deshalb sah ich durch den Spion. „Pfui", dachte ich, "du spionierst deinem Mann nach!" In diesem Moment kam er aus der Nachbarwohnung - mit ihr auf den Armen! Ich hatte genug gesehen. Am liebsten hätte ich die Tür aufgerissen, um den beiden die volle Einkaufstüte um die Ohren zu hauen. Aber diese Blöße konnte ich mir doch nicht geben. Nein! Stattdessen lief ich ins Wohnzimmer, auf den Balkon und sah gerade noch, wie Torsten sie in unser Auto setzte. Ich dachte nur: Das war's, alles klar, oder? Wie ferngesteuert ging ich in die Küche, stellte die Tüte ab und begann auszupacken. Als ich die Steaks sah, brach ich in Tränen aus. Früher half Torsten mir bei solchen Vorbereitungen. Und jedes Mal schaffte er es mit einem gehauchten Kuss auf meinen Nacken, einer leichten Berührung unserer Hüften und mit seinem frechen, jungenhaften Grinsen, dass wir das Grillen für eine Weile vergaßen. „Wer braucht schon ein Hüftsteak, wenn er solche Hüften berühren kann", flüsterte er einmal, als wir uns auf dem Küchentisch liebten. Oh nein. Weg! Weg mit den Erinnerungen! Ich würde ihm niemals mehr glauben. Und Sex? Nie wieder. Weder auf dem Küchentisch, noch irgendwo anders! Jetzt spürte ich nur noch kalte Wut in mir. „Engelsgesicht! Ja, Klaus reicht der wohl nicht mehr? Jetzt muss Torsten ran, was? Fieses Stück!" Ich knallte den Beutel mit den Steaks an die Wand. Ach, das tat gut. Dann war der Schub vorbei. Ich ging heulend zurück in die Stube, goss mir ein Glas Wein ein, setzte mich damit in die Couchecke und stierte vor mich hin. Dass es in der Küche ziemlich chaotisch aussah… Wen störte das? Mich nicht! Ich litt leise weinend vor mich hin und sah dabei immer ihr Gesicht vor mir. Plötzlich hörte ich meinen Mann fragen: „Sag mal Schatz, was hast du bloß in der Küche angestellt?" Er scherzte auch noch: „Das sieht ja aus wie bei Hempels unterm Sofa." Das war zu viel!

Ich fuhr vom besagten Sitzmöbel hoch, wie von der Tarantel gestochen. „Ach ja, sieht es so aus? Und wie sieht es AUF dem Sofa von der nebenan aus? Ist es bequem genug oder fährst du lieber mit ihr ins Grüne? Na ja, auf Händen trägst du sie ja im wahrsten Sinne des Wortes. Aber bitte, dann kann sie dir ja auch deine blöden Steaks grillen." Ich wollte nur weg. Er aber hielt mich fest und sah mich aus aufgerissenen Augen an. „Was willst du damit sagen?", fragte er leise. „Ach, leugnest du etwa, dass du sie eben bis zu unserem Auto getragen hast? Bist du etwa nicht mit ihr weggefahren?" Damit drehte ich ihm demonstrativ den Rücken zu und leerte das Weinglas mit einem Zug. „Nein, das leugne ich nicht", sagte er. „Sie braucht gelegentlich Hilfe, denn sie hat einen komplizierten Wadenbeinbruch." „Ja klar", antwortete ich höhnisch. „Und da kommst du genau richtig, um ein wenig Hand anzulegen, oder wie?" Torsten schwieg und ich hatte gerade unsere Scheidung vor Augen, als er plötzlich meine Hand nahm und mich mitzog! Er ging schnurstracks auf die Wohnungstür zu. In mir überschlugen sich die Gedanken. Er will mich doch wohl nicht gleich vor die Tür setzen?

„Bis morgen wirst du mich ja wohl ertragen können, oder?", zischte ich ihn an. Er antwortete nicht, sondern öffnete die Tür, zog mich mit zur Nachbarswohnung und klingelte. „Was soll der Blödsinn", fragte ich und versuchte, mich loszumachen, als geöffnet wurde. Ich sah direkt in ihre unwiderstehlich blauen Augen. Mein Herz raste. Sie aber schaute mich lächelnd an. Dann ging ihr Blick ging zu Torsten. „Das ist schön, dass du dein Versprechen so schnell wahrmachst und auf ein Glas Wein mit deiner Frau herkommst. Klaus ist auch in einer halben Stunde da. Kommt rein." Und da sah ich es. Sie hatte so ein Gestell am Bein, um es zu stabilisieren, und ging an Krücken. Mir wurde heiß. Das hatte ich vorhin in meiner Wut gar nicht bemerkt. Ich stotterte: „Nein, eigentlich wollte ich Sie nur einladen. Nachher zum Grillen. Ich glaube die Steaks sind noch zu retten. Äh, ich meine, sie reichen auch für vier." Ein strahlendes Lächeln von ihr und dann ein zaghaftes Angebot: „Baguette, Wein und ein paar Knabbereien würde ich gern beisteuern. Dank Torstens Hilfe konnte ich zum Glück doch noch einkaufen. Ich habe heute nämlich Geburtstag und wollte mit meinem Bruder ein wenig feiern. Es stört sie wirklich nicht, wenn er auch noch mitkommt?" Ich schüttelte nur den Kopf, der sicher feuerrot leuchtete. Ich schämte mich fürchterlich. „Übrigens, ich heiße Lisa", sagte ich und reichte ihr die Hand, bereit für einen neuen Anfang. Sie antwortete lächelnd: „Und ich heiße Anna. Es wäre schön, wenn wir uns besser kennen lernen könnten." Ich hatte nichts dagegen. Ich war ja froh, dass sich alles geklärt hatte und wir verbrachten einen wirklich schönen Sommerabend zu viert.

Nun, ein Jahr später, liegt dennoch die Scheidung vor mir. Und das macht mich traurig. Ehrlich! Torsten war immer liebevoll, zärtlich, verständnisvoll und es tut mir wirklich leid, dass ich ihm so wehtun muss. Aber inzwischen hat auch er erkannt, dass das mit Anna und mir etwas ganz Besonderes ist.

Nur Bilder

Nur wenige Pinselstriche reichten,
schon hattest du mich eingefangen.

Auch dein Stift, frisch gespitzt,
hielt mich fest für alle Ewigkeit.

Dann zogst du ruhelos weiter
zu neuen Motiven.

Mir blieben nur deine Bilder.

Der Sekt danach

Die kleine Hotelbar war recht gut überschaubar und ich fühlte mich fast overdressed in meinem „kleinen Schwarzen", als ich zögerlich auf den Tresen zuging. Während ich mich setzte, sah ich mich um. Die meisten Männer hier schienen Geschäftsleute zu sein. Einige arbeiteten an ihrem Tablet, andere telefonierten. Mein Blick aber blieb an einem Mann hängen, der lässig am Tisch saß, ein Buch in der Hand hatte und las. In einer Bar! Ich musterte ihn unauffällig und mein Herz geriet aus dem Takt. Er sah verdammt gut aus. Kein Schönling, nein. Er war anscheinend groß, nicht ganz schlank aber wohl proportioniert. Sein Gesicht war männlich-markant, mit gerader, kräftiger Nase. Der Mund war eher schmal und doch wirkten seine Lippen weich.

Fast fühlte ich sie auf meinem Mund. Ein aufregendes Prickeln durchzog meinen Körper, denn am liebsten hätte ich meine Finger sofort durch sein dunkles, kurz geschnittenes Haar gleiten lassen. Erst auf den zweiten Blick bemerkte ich, dass es von einzelnen grauen Strähnen durchzogen war. Aber das störte mich kein bisschen. Der ist es. Der und kein anderer. Das war mir sofort klar.

Ich bestellte mir einen „Black Russian" und fragte den Barkeeper: „Der Typ da, der mit dem Buch, der trinkt Whiskey, oder?" Ein Nicken. „Ja, einen Chivas Regal." Ich bestellte auch davon einen, nahm meinen „Black Russian" und den Whiskey und ging langsam auf den Lesenden zu. „Entschuldigung, ist hier noch frei?", fragte ich. „Hmm." Kein Blick von ihm. Ich setzte mich und stellte ihm den Whiskey hin. „Hier. Als kleine Entschuldigung für die Störung." „Sie stören nicht." Wieder ohne vom Buch aufzusehen. Das war ja nicht zu fassen. Aber ich wollte ihn. Also noch einmal nachsetzen. „Ich störe nicht? Ja, noch nicht. Aber wenn ich hier noch lange quasseln muss, bis Sie mich mal angucken, dann stört Sie das ganz sicher bald. Also, was lesen Sie so Spannendes, dass Sie nicht mal ‚Guten Abend' sagen können?" Da, ich hatte ihn! Er schloss das Buch, legte es auf den Schoß und sah mich an. Wow! Was für Augen! Blaugrau funkelten sie mich belustigt an. Tiefschwarze Wimpern gaben ihnen einen träumerischen Ausdruck. „Okay, Sie Nervensäge. Guten Abend also. Das Buch ist von Harry Thürk. Es heißt ‚Harakiri', falls Ihnen das etwas sagt. Und - danke für den Whiskey." Er prostete mir zu. Ich lächelte ihn an.

„Hört sich spannend an." Er trank einen winzigen Schluck bevor er antwortete und ich sah, dass er den Drink genoss. „Hm, ist auch spannend. Und für mich ist das Buch untrennbar mit einem besonderen Tag verbunden. Aber das ist für Sie uninteressant. Und was machen Sie hier?" Ich grinste ihn an. „Ich rede mit Ihnen. Und da man nicht mit Fremden sprechen soll, wüsste ich erst einmal gern wie Sie heißen." „Ich bin Martin. Und wie heißen Sie?" Ich prustete los. „Du bist der Martin? Na, wenn das kein Zufall ist! Ich bin nämlich die Martina." Ich bekam vor Lachen schon fast keine Luft mehr. Ungläubig sah er mich an und begann dann auch zu lachen. „Martin und Martina. Kaum zu glauben. Wir zwei sind schon ein Pärchen." Und dann sah er mich einfach nur an. Mein Lachen verschwand, denn bei seinem Blick hatte ich plötzlich Schmetterlinge im Bauch! Ich dachte immer, dass sei so ein blöder Spruch. Aber nun… Es gab sie wirklich! Martin brach das Schweigen. Er ging einfach zum „Du" über, als er fragte: „Was macht eine Frau wie du, hier allein in einer Hotelbar?" Ich wollte ihn ein wenig anstacheln und antwortete mit einer Gegenfrage. „Müsste es nicht heißen eine hübsche Frau wie du?"

Nach kurzem Überlegen schüttelte er den Kopf.

„Nein, dass hörst du sicher von jedem Kerl. Ich will aber nicht wie jeder sein." Na, das war ja mal interessant! Ich schmunzelte. „Du bist also etwas Besonderes? Dann bist du genau das, was ich suche!" Provozierend lehnte er sich zurück, trank aufreizend langsam einen Schluck Whiskey und sagte: „Gut. Dann haben wir anscheinend beide auf etwas Besonderes gewartet. Darauf sollten wir anstoßen." Mein Glas war leer, so dass Martin an die Bar ging und mir einen neuen Drink holte. Als er zurückkam, hatte er außerdem eine Lilie aus der Vase am Tresen ge-mopst. Die hielt er mit strahlend entgegen. „Eine besondere Blume für eine besondere Frau." Grinsend nahm ich sie entgegen. „Puh, wie in einem Kitschroman." Wieder lachten wir beide. Überhaupt konnten über vieles ge-meinsam lachen. Das merkte ich in den folgenden zwei Stunden, in denen wir redeten und diskutierten. Die Che-mie stimmte ganz einfach. Martin gab mir das Gefühl, als würde ich ihn schon ewig kennen. Als er fragte, ob er mir noch etwas zu trinken holen könne, gab ich mir einen Ruck. „Nein, danke. Es ist genug für heute." Er sah mich enttäuscht an. „Also ist unser Abend vorbei?"

Ich schüttelte den Kopf und nahm seine Hand. „Nein. Aber lieber würde ich mit dir einen Sekt trinken. Auf deinem Zimmer. Hinterher", flüsterte ich verheißungsvoll. Ich sah ihn an. Wie würde er reagieren? Er wirkte erstaunt, aber auch interessiert. „Na, du bist ja fix! Und wenn ich verheiratet bin?" Ich schüttelte den Kopf. „Kein Ring, kein Abdruck eines Ringes, kein Telefonat während der ganzen Zeit. Nein, keine Frau oder Freundin. Also, wie wäre es mit uns beiden?" Er zögerte noch. „Weißt du, meine Oma hat immer gesagt, ich würde merken wer der Richtige für mich ist. Und es wäre egal ob ich ihn eine Stunde oder ein Jahr kenne. Wenn ich ihn habe, solle ich ihn festhalten. Und dich Martin, dich will ich festhalten. Wenigstens heute Nacht. Mit Händen und Füßen und Mund und was da sonst noch möglich ist." Noch leiser fügte ich hinzu: „Wer weiß, was sich aus einer Nacht ergibt?" Martin stand wortlos auf und ging zum Tresen. Würde er auf mein Angebot eingehen oder mich sitzen lassen? Er sprach mit dem Barkeeper. Dieser reichte ihm grinsend eine Flasche Sekt über die Theke. Als wir dann Hand in Hand an dem feixenden Kerl vorbeigingen, sagte Martin: „Deine Oma ist anscheinend eine sehr kluge Frau."

Im Fahrstuhl redete er nicht mehr, sondern küsste mich und seine Lippen waren wirklich weich. Es wurde eine herrliche Nacht und als ich am Morgen erwachte, hielt Martin mir ein Sektglas hin. „So der Sekt danach, wie die Dame gewünscht hat. Haben wir ja nicht mehr geschafft nach dem vielen Festhalten gestern Nacht." Ich lächelte verschlafen zu ihm auf. „Ja Schatz und das in unserm Alter." Ich nehme das Glas, proste ihm zu. „Alles Liebe zur Silberhochzeit!" Der Sekt war gut, aber besser war der liebevolle Kuss, den ich bekam. Als Martin mich losließ, fragte ich etwas atemlos: „Aber zum fünfzigsten Hochzeitstag spielen wir unseren Kennenlerntag auch noch einmal nach, ja? Ich kann die Gläser dann mit dem Rollator an deinen Tisch bringen. Und vor allem bin ich gespannt auf den Blick des Barkeepers, wenn wir Hand in Hand auf dein Zimmer zittern." Mit tausend Teufelchen in den Augen sah Martin mich an. „Mit dir zittere ich gerne, immer und überall hin." Und als er mich dann in den Arm nahm, war mir wieder einmal bewusst: Oma hatte Recht gehabt. Den Richtigen erkennt man sofort und man muss ihn nur noch festhalten. So, wie ich meinen Martin.

Und wenn

(für A.)

Und wenn ich nicht mehr bei dir bin
sollst du nicht traurig sein.
Du weißt, ich wünschte dir doch stets
den puren Sonnenschein.

Denk nur daran wie schön es war
wenn wir zusammen lachten,
uns neckten, küssten, liebten, auch
verrückte Dinge machten.

Wir sah' n den Regenbogen bunt
und haben ihn berührt.
Dort, wo er auf die Erde trifft,
dort hab ich dich verführt.

Und kam der Winter dann mit Macht,
wir tobten durch das Weiß.
Dein Kuss auf meine kalte Haut,
schmolz wahrlich jedes Eis.

Und wenn ich nicht mehr bei dir bin,
bleib nicht zu lang allein.
Weil ich dich lieb' in Ewigkeit,
sollst du stets glücklich sein.

Dumm gelaufen

Komischer Tag heute.

Ich sitze morgens um 6.00 Uhr in der S-Bahn und bin trotz der frühen Stunde, bestens gelaunt! Ich finde alles schön und vor allem – witzig. Warum das so ist, weiß ich nicht. Ich kann heute einfach über alles kichern. „Mensch", denke ich, „reiß dich bloß zusammen. Was sollen die Anderen von dir denken?" Und schon habe ich ein fettes Grinsen im Gesicht. Der Grund ist dieses Mal die Ansage hier in der Bahn. Also die Durchsagen am Bahnsteig sind echt der Hammer. „Nach Wannsee alles einsteigen." Kurze Pause. Soweit, so gut. Aber dann: „Nach Wannsee zurückbleiben bitte." Ich weiß zwar, wie es gemeint ist, frage aber dennoch meinen Sitznachbarn, einen schon betagten Herrn, ganz unschuldig: „Sagen sie, warum sollen die, die nach Wannsee wollen denn zurückbleiben?" Als er mich total verdattert anschaut erkläre ich: „Dann kommen die ja nie dahin!" Er schüttelt den Kopf und brummelt etwas Unverständliches. Die Dame mir gegenüber ist nicht so ruhig. „Frechheit! Kein Benehmen, die jungen Leute heute!", schimpft sie. Ich werde keck.

„Oh, das ich zu den jungen Leuten gezählt werde passiert mir nicht mehr so oft. Vielen Dank die Dame!" Giftige Blicke ihrerseits.

Ich sehe mich um. Na ja, viele Leute sind heute früh nicht unterwegs. Und schon rutscht mir heraus: „Kaum ist es draußen ein bisschen glatt, schlittern die Leute Montag früh anscheinend lieber mit dem Auto zur Arbeit, als mit der S-Bahn zu fahren. So viel Angst vor Verspätung ist ja nicht normal." Plötzlich lauter grinsende Leute um mich herum. Mein Sitznachbar platzt fast vor Lachen und tippt sich an die Stirn. Die Dame von gegenüber geht in Positur und mit einem feinen, sehr süffisanten Lächeln flötet sie: „Am Montag mag das schon sein, junge Frau." Das „junge Frau" tropft ihr förmlich von den Lippen. „Am Montag eventuell. Aber am SONNTAG, bleiben die meisten Leute um diese Zeit einfach im Bett!"

Stürmische Nacht

Was war das? Schlagartig bin ich hellwach, sitze kerzengerade in meinem Bett und lausche angestrengt in die Dunkelheit. Dann erkenne ich das Geräusch und kuschle mich erleichtert in die dicken Kissen meines alten, feudalen Bettes. Es ist nur der Sturm, der das alte Haus seit dem späten Abend umtost. Das Haus, das jetzt meinem Bruder und mir gehört. Glücklich stelle ich mir vor, wie es in zwei Jahren aussehen wird. Es ist gut einhundert Jahre alt, hat noch Zwischenwände, die aus Lehm und Stroh errichtet wurden, dazu große Kachelöfen, große Betten mit geschnitzten Pfosten, viel Plüsch… Fast villenartig ist das Haus und einfach heimelig. „Wenn das alles erst zu einem Landhotel umgebaut ist", denke ich und schlummere ein. Nein. Wieder fahre ich hoch. Dieses Geräusch! Das ist nicht der Sturm. Das war ein Schrei, oder? Da, noch einmal. Es kommt von draußen. Aber wer treibt sich bei diesem Wetter draußen herum? Ich springe aus dem warmen Bett, trete ans Fenster und nun weiß ich, woher das Geräusch kommt. Es ist kein Schrei, jedenfalls kein menschlicher. Es ist die alte Eiche, die gegenübersteht. Sie ist riesig und immerhin wohl fast doppelt so alt wie das Haus. Und bisher widerstand sie jedem Sturm. Doch nun… Entsetzt sehe ich, dass dieses Mal die Naturgewalt gewinnen wird. Die Eiche ächzt und stöhnt und beginnt, sich ganz langsam zu neigen. Sie neigt sich genau auf mich zu! Der Baum wird heute Nacht, in wenigen Sekunden, direkt auf das Hausdach fallen. Ich muss raus, muss meinen Bruder retten. So wie ich bin, im Schlafanzug, renne ich zur Tür. Weit komme ich nicht, denn plötzlich höre ich etwas anders und dieses Geräusch kenne ich aus den Alpträumen, die mich schon ein Leben lang verfolgen. Ein Kratzen ertönt. Erst leise, dann lauter werdend scheint es direkt aus der Wand zu kommen und macht mir eine Höllenangst. Ich denke an den Baum, will laufen. Aber ich kann nicht! Dieses Kratzen hört sich für mich an, als käme es direkt aus der Hölle und es lähmt mich. Panik ergreift mich. Meine Augen weiten sich, um in der Dunkelheit etwas zu erkennen und dann – richten sich meine Nackenhaare auf und ich ringe nach Atem, fühle mich hilflos und wünsche mir zu träumen, denn dann kann ich gleich erwachen. Aber ich erwache nicht. Kann ich Traum und Wirklichkeit nicht unterscheiden? Ich bin Realistin und mir ist klar, dass hier irgendetwas nicht stimmt, denn die

Eiche… Ist sie noch nicht gefallen? Aber eigentlich müsste sie das Haus doch schon unter sich begraben haben! Verzweifelt schlage ich die Hände vors Gesicht, versuche zu laufen, sinke zu Boden. Ich weiß nicht warum, aber das Kratzen macht mir mehr Angst, als der bevorstehende Einschlag des Baumes. Sekunden werden zur Ewigkeit. Plötzlich ein Bröckeln, so als sprängen lauter kleine Kiesel über den Boden. Ein eisiger Lufthauch streift meine Finger. Ich lasse die Hände sinken, bin bereit für das Unvermeidbare. Denke ich. Doch dann weiß ich genau, dass das nicht stimmt. Dafür, was nun geschieht, bin ich nicht bereit! Vor mir bildet sich ein Riss in der Wand. Daher der Luftzug. Also zu spät. Der Baum ist… Nein, da ist nichts von einem Baum zu sehen. Dafür schiebt sich eine kleine graue Hand mit langen Nägeln durch den immer größer werdenden Riss. Und dann schreie ich erschrocken auf. Keine Hand, eine Pfote. Oh Gott, eine Ratte! Diese Viecher hasse ich, ich ekle mich vor ihnen. Immer wenn ich als Kind in den Stall musste, liefen sie dort herum, manchmal über meine Füße. Das war furchtbar! Doch es kommt noch schlimmer, viel schlimmer und ich halte den Atem an. Das, was aus dem Loch in der Wand gekrochen kommt ist nicht einfach eine Ratte. Nein, sie ist groß, so groß wie eine dicke Katze. Ihre gelben Augen funkeln böse, sie wittert und die langen Barthaare zucken. Dann faucht sie, als sie mich sieht, meine Angst spürt. Das Fauchen ist in meinen Ohren lauter als der Sturm, der das Gebäude immer noch umtost, lauter als der Regen, der gegen die Fenster peitscht. Kurz durchzuckt mich ein Gedanke. Die Fenster sind noch heil! Also ist der Baum…. Ich erschrecke, schreie wieder laut auf, denn das eklige Vieh läuft auf mich zu. Das tapp, tapp, tapp der krallenbewehrten Füße klingt überlaut in meinen Ohren und dann steht sie direkt vor mir. Ich kauere mich zusammen, als sie ihre Nase ganz dich an mich heran schiebt. Die zuckenden Barthaare berühren mein Gesicht, als sie den Kopf bewegt, ihr ekliger Atem streicht über meine Stirn. Ich schließe die Augen und sehe dennoch die gelben, spitzen Zähne vor mir. Und dann spüre ich ihre Pfote auf meiner Hand, gleich danach ihre Zunge. Sachte, fast vorsichtig leckt sie über meine Finger. Mich schauert! Nun wünsche ich mir, dass die Eiche endlich aufs Haus fällt. Lieber soll sie mich erschlagen, als das diese Ratte mich bei lebendigem Leibe frisst! Und wirklich, es kracht noch einmal ohrenbetäubend und dann … Das Letzte was ich fühle, ist ein Schlag auf den Kopf! Die Erinnerung an die flink leckende Zunge nehme ich mit in den Tod. „He, was machst du denn da?", höre ich eine Stimme. Langsam blinzele ich mich ins Leben zurück. Mein Bruder Rainer kniet vor mir. „Ratte", murmle ich, schließe erschöpft die Augen und ziehe endlich meine Hand weg. Dieses Vieh hat also sogar die Eiche überlebt. Meine Bewegung löst ein freudiges Bellen der Ratte aus. Bellen? Wieder öffne ich die Augen, schaue mich vorsichtig um. Neben mir auf dem Boden sitzt Pepe, mein Dackel. Noch einmal leckt er meine Finger, freut sich, dass er meine Aufmerksamkeit hat. Doch die bekommt er nur kurz, denn mir ist kalt, ich friere wie ein Schneider. Kein Wunder, denn ich sitze auf dem Boden inmitten der Trümmer meines Bettes. Rainer hilft mir auf, führt mich zur Couch und wickelt mich in eine Decke. Ich schaue aus dem Fenster. Draußen graut allmählich der Morgen und plötzlich… „Die alte Eiche steht ja noch", rufe ich verwundert. Mein Bruder schüttelt den Kopf. „Ja, warum auch nicht? Das bisschen Wind kann der nichts anhaben.

Die macht bestimmt noch zweihundert Jahre. Aber du. Ts, ts, ts." Fragend schaue ich ihn an. „Na ja", lächelnd weist er auf mein Bett. „Ich hab ja keine Ahnung was du so träumst. Aber irgendwie hast du das Bett kaputtge-kriegt und der eine Pfosten hat dir eine ganz schöne Beule verpasst. Hätte Pepe nicht so gequiekt und gebellt, dann hätte ich dich viel später erst gefunden. Du hättest dir den Tod holen können. Hier drin ist es arschkalt. Wa-rum bloß? Also eins ist klar, hier werden Fußbodenhei-zungen eingebaut." Während mein Bruder weiter redet, schaue ich mich um. Alles in bester Ordnung. Die Eiche steht noch, genau wie das Haus, nur das alte Bett ist zu-sammengekracht. Peter plant wie immer, Pepe, mein treuer Hund kuschelt sich an mich und sogar der Riss in der Wand gegenüber verschwindet ganz allmählich.

Neben dir

Neben dir liegen,

deine Augen sehen, dein Lächeln.

Es ist schön, so einzuschlafen.

Neben dir liegen

deine Augen sehen, dein Lächeln.

Es ist schön, so zu erwachen.

Katzenjule

Ich war damals zehn Jahre alt und kannte im Dorf alle
Leute. Und ich mochte auch alle. Nun die meisten zu-
mindest. Aber eine Frau gab es, die ich merkwürdig fand
und die mir immer ein wenig Angst machte, wenn ich sie
traf. Sie war alt und so ganz anders als meine Großtante
Emma, die bei uns im Haus lebte und auch schon ziem-
lich alt war. Aber jene Frau lebte nicht mit Menschen,
sondern mit vielen Katzen zusammen in ihrem kleinen
Häuschen. Die Katzen waren für sie wie ihre Kinder und
deshalb nannten viele Leute im Dorf sie die „Katzen-
jule". Meine Familie und die Familie meiner Freundin
allerdings sprachen nur von Juliana und hatten uns ver-
boten, den Spottnamen zu gebrauchen. Dennoch schrien
auch wir beide immer „Katzenjule" hinter ihr her, wenn
sie zum Dorfkonsum ging, um frische Leber für ihre Kat-
zen zu kaufen. Kam sie nah an uns vorbei, konnten wir
die Katzen sogar riechen! Der Gestank hing in ihren
Kleidern, die genauso uralt schienen, wie die ganze ha-
gere, gebückt gehende Frau. Im Sommer trug die „Kat-
zenjule" Jahr für Jahr eine Bluse, die mit dunklen

Blumen bedruckt war, dazu einen langen schwarzen Rock. Über diesen war eine Schürze aus groben Sackleinen gebunden. Im Winter zog sie über alles einen dunkelgrauen Mantel, der mit großen schwarzen Knöpfen geschlossen wurde. Was dazu richtig komisch aussah war ihre Mütze. Es war eine gestrickte Kindermütze aus dunkelroter Wolle. Die war ihr natürlich viel zu klein und saß deshalb immer schief auf dem leicht wackelnden Kopf, mit dem schlohweißen Zottelhaar. Und nie sah man die Katzenjule ohne ihren Bollerwagen. Der war hässlich, fast schrottreif. Er hatte dunkle Flecken, tiefe Schrammen und quietschte furchtbar. Wenn sie so mit ihrem Wagen durchs Dorf ging, blieb sie nach vier, fünf Schritten immer kurz stehen, zuckte zusammen als hätte sie etwas erschreckt, schloss die Augen und es schien, als liefe ihr ein Schauer über den Rücken. So, als hätte sie vor etwas große Angst. Dann warf sie einen kurzen, fast liebevollen Blick auf den Bollerwagen, in dem meist ein oder zwei Kätzchen lagen und ging weiter. Wir fanden das lustig, denn so brauchte sie natürlich ziemlich lange für den Weg von ihrem windschiefen Katzenhaus bis zum Konsum und zurück. Aber das war noch nicht alles.

Keines von uns Kindern hat die Katzenjule jemals sprechen gehört. Sie schimpfte nicht einmal mit uns, wenn wir ihr den Spottnamen hinterherriefen. Sie sah uns nur aus rotgeäderten Augen müde an und ging an uns vorbei. Und dann kam der Tag, an dem ich erfuhr, warum die „Katzenjule" so merkwürdig war. Meine Freundin und ich hatten wieder einmal hinter ihr her geschrien, als mich jemand am Arm packte und mit sich riss. Meine Großtante Emma! Ich versuchte, ihrem harten Griff zu entkommen. Da zischte sie mich an: „Komm mit, oder ich schläu di, dass die rote Suppe nachkimmt!"*

Ich erschrak, denn so wütend kannte ich meine fast siebzigjährige Großtante nicht. Zuhause angekommen herrschte sie mich an: „Setz dich!" und dann erzählte sie mir von der „Katzenjule", die eigentlich Juliana hieß. Juliana war im Februar 1945 aus Magdeburg in unser Dorf gekommen. Vier Tage nach der Bombardierung der Stadt hatte man sie im Keller ihres Hauses gefunden. Sie war verschüttet gewesen, zusammen mit ihrem kleinen Sohn, ihrer Mutter und der jüngeren Schwester. Der Junge hatte neben ihr in einem Bollerwagen geschlafen, als das Bombardement losging. Juliana war die einzige

Überlebende dieser Nacht. Ihr Mann wurde schon seit dem Westfeldzug vermisst und so hatte sie nun niemanden und nichts mehr. Keine Familie, keine Wohnung, keine Freunde. Nur noch den Bollerwagen und das Wollmützchen von Johannes, ihrem Sohn. Das hatte die Bäuerin, bei der die junge Frau damals untergebracht wurde, meiner Großtante erzählt. Juliana war erst Mitte dreißig, als sie ins Dorf kam. Und doch hatte sie schon damals weiße Haare, war gebückt, zitterte, stoppte beim Laufen und schaute immer wieder in den Bollerwagen, der doch leer war. Die Bäuerin hatte Juliana dann eine Katze geschenkt, damit sie nicht ganz so einsam sein sollte. Und Juliane gewöhnte die Katze daran, im Bollerwagen zu schlafen. Als sie später in das kleine Häuschen mit den zwei Zimmern einzog, holte sie sich noch weitere Tiere dazu. Juliana hatte nun anscheinend ihre Ersatzfamilie gefunden. Sie kümmerte sich rührend um die Katzen und zog sich langsam immer mehr von den Menschen zurück. Nur zum Einkaufen ging sie noch ins Dorf. Die Alten ließen sie einfach in Ruhe und für die jüngeren Leute, die ihre Geschichte nicht kannten wurde sie die „verschrobene Alte", die „Katzenjule". Ich aber habe sie nach diesem Tag nie mehr so genannt.

Sage ihm...

Wind, wenn du ihn streichelst

wie ich es sonst tat,

dann sage ihm:

Sie wartet so lange schon.

Sonne, wenn du ihn anlächelst

wie ich es sonst tat,

dann sage ihm:

Sie kann dich nicht vergessen.

Mond, wenn du in sein Zimmer schleichst

wie ich es sonst tat,

dann sage ihm:

Sie friert nachts – allein.

Regentropfen, wenn ihr seinen Mund berührt

wie ich es sonst tat,

dann sagt ihm:

Das ist ein Kuss - von ihr.

Kira

Kira lauschte. Kam da jemand in ihren Garten? Sie war gerade dabei, die Kartoffeln an zu häufeln.

Doch seit es in der Gegend verschärfte Polizeikontrollen gab, war Kira noch nervöser, wenn sie Schritte hörte. Und das, obwohl sie wusste, dass sie, die Polizisten, ihr nichts tun würden. Die Polizei hatte ihr geholfen, sie gerettet, damals, als ihre Eltern… Kira schüttelte den Kopf. Nein. Daran würde sie nicht mehr denken. Das tat ihr nicht gut. Oma hatte ihr gutgetan. Sie hatte den Nachbarn aus der Gartenkolonie neben dem Hof gleich bei Kiras Einzug das Maul gestopft. Hatte erklärt, dass Kira krank sei und man sie am besten in Ruhe ließe. Die meisten fühlten sich wohl nur darin bestätigt, sie komisch zu finden. Was war das schließlich für eine merkwürdige Krankheit? Dissoziative Identitäts-störung? Die meisten Leute, die hier wohnten, konnten diese Worte noch nicht einmal richtig aussprechen. Aber das war auch egal, denn sie wollte nur Ruhe. Und Ruhe, die gab es hier. Anders als in der Klinik damals. Nachdem… Nein, nicht daran denken! Kira schüttelte unwillig den Kopf. Seither war jedenfalls die kleine Hanne, die sie immer von ihrem Kummer ablenken wollte, nicht mehr dagewesen. Und auch die starke, beschützende Joyce war nicht mehr aufgetaucht. Nein, sie kam jetzt alleine zurecht. Kira streckte sich. Klein und zierlich war sie, wirkte wie ein Kind auf dem großen Kartoffelacker. Ihr blondes Haar lag wie ein Seidentuch auf den schmalen Schultern und sie strich den verschwitzten Pony aus der Stirn, während sie über ihr Reich hinwegsah. Ja, ihres, seit Oma verstorben war und sie allein gelassen hatte. Der Hof war nicht riesig, aber von dem was Feld, Hof, die Hühner und Enten einbrachten, konnte sie leben. Vor allem aber - war sie allein. Na ja, meistens schon. Aber da! Wieder Schritte. Kira sah sich um, als das Hoftor klapperte. „Oh nein", dachte sie. Tobias, der Gartennachbar kam auf sie zu. Mit seinen 1,90 m, dem braunen Wuschelkopf, den wasserblauen Augen und ewig geröteten Wangen sah er aus, wie ein zu groß geratener Junge. Kira wusste, dass er sie mochte. Und sie fand ihn auch nett. Er war nie wirklich aufdringlich nur…Sie wappnete sich gegen das, was kommen würde und schon hatte Tobias Löffler sie in seine langen Arme gezogen und an sich gedrückt.

Er bemerkte sofort, wie Kira sich versteifte und die Luft anhielt, ließ sie los und trat einen Schritt zurück. Die junge Frau atmete langsam aus. „He, ich bin's bloß", Tobi hob entschuldigend die Arme. „Ich habe mich nur gefreut, dich wiederzusehen. Schließlich war ich eine Woche nicht da." Die junge Frau nickte kurz. „Schon okay. Ich bin wohl gestresst wegen der Polizei, die hier durch die Gegend schleicht, seit der olle Holtz verschwunden ist. Irgendwie fühlt man sich gleich unwohl. Komm, lass uns reingehen. Magst du ein Glas Rhabarberwein? Der ist jetzt fertig. Und wenn es stimmt, was Frau Wiesner sagt, ist er richtig gut geworden." Tobias antwortete: „Klar. Ich wollte eigentlich eine Flasche Johannisbeerwein kaufen, aber wenn du sagst der Rhabarberwein ist gut, dann nehme ich den. Außerdem muss ich mit dir reden." Kira ging an Tobias vorbei auf das Häuschen zu. Er folgte ihr in die kleine Küche, wo sie sich an dem alten Spülstein die Hände wusch. Der junge Mann hatte das Gefühl, als weiche sie ihm immer wieder aus. Dabei war er doch schon vorsichtig. Versuchte ganz langsam, ihr näher zu kommen. Er wusste von Kiras Oma, welches Martyrium das Mädchen bei den Eltern erlebt hatte.

Dass sie fast gestorben wäre und dann lange in einer Klinik war. Sie wirkte immer noch so schutzbedürftig, so in sich zurückgezogen. Vielleicht liebte sie gerade wegen ihres früheren Lebens die Stille und die Natur, überlegte er. Und er, Tobias, liebte sie, Kira. Das wusste er, seit er sie zum ersten Mal gesehen hatte. Das musste sie doch merken! Und nun hatte er Ärger, über den er mit ihr sprechen wollte, nein musste. Schließlich hatte er den ihretwegen. Er setzte sich an den Tisch, sah zu, wie sie die Flasche öffnete, ihm einschenkte. „Und du?", fragte er. Kira schüttelte den Kopf. „Ich trinke lieber Erdbeerwein. Bin allergisch auf Rhabarber." Nachdem sie sich ebenfalls eingeschenkt hatte, setzte sie sich Tobias gegenüber. „Na, und weswegen musst du mit mir reden?" Der junge Mann nahm ihre Hände, die sie ihm sofort wieder entzog. Er schaute sie an. Sah direkt in ihre grünen Augen, die sie sofort niederschlug. „Bitte bekomm keinen Schreck, aber ich weiß, warum die Polizei so oft hier draußen ist." Kira nahm einen Schluck Erdbeerwein. „Das weiß ich auch. Weil Herr Holtz verschwunden ist." Als sie den Namen nannte, verzog sie den Mund vor Ekel. Tobias sah es deutlich.

„Aber was hat das mit dir zu tun?", fragte sie ihn. Der junge Mann sprang auf, lief mit dem Glas in der Hand hin und her, trank es mit einem einzigen Zug aus, nur um es sofort nachzufüllen und gleich wieder zu leeren. Plötzlich brach es aus ihm heraus: „Die glauben, ich hätte den alten Holtz auf dem Gewissen. Hätte ihn umgebracht und verscharrt. Auf meiner Parzelle! Ich musste aufs Revier. Da haben die mir das knallhart vorgeworfen. Haben mich stundenlang verhört. Ich habe denen gesagt, dass sie spinnen, dass sie meinen ganzen Garten umgraben können. Da ist nichts, weil ich nichts getan hab!" Erschöpft ließ Tobias sich auf die Bank fallen, nahm sich erneut Wein, nippte daran. Kira starrte blicklos in die Ferne, ohne einen Ton zu sagen. Es war still in der kleinen Küche. Unheimlich still. Das bemerkte auch Tobias. Er schaute auf. „He, ich war's nicht. Glaub mir", bat er leise. Die junge Frau schüttelte den Kopf. „Ich glaube dir ja. Aber wie kommen die auf dich?" Tobi sog scharf die Luft ein. Das war der Punkt. Da kam Kira ins Spiel. Er hielt ihr das leere Glas hin und während sie nachschenkte, sah er die zierliche, junge Frau zärtlich an. Dann nahm er erneut ihre Hände und dieses Mal ließ sie es zu. Widerstrebend, das merkte er. Aber er musste sich an ihr festhalten, auch um ihr Halt zu geben. Das war ihm klar. „Ich weiß, dass der Alte dich öfter belästigt hat", stieß er hervor. Und tatsächlich, Kira wurde sofort blass und ihr Haltung steif, ihre Hände wurden leicht feucht und sie zitterte. Tobias hielt sie weiter fest. „Keine Angst. Ich weiß, was dir als Kind passiert ist, hab's aber keinem gesagt. Aber ich habe ihm gedroht, dass ich ihn totprügeln würde, wenn er dich nicht in Ruhe ließe. Und das hat natürlich die olle Dankeritsch gehört. Also, dass ich ihm gedroht hab. Jedenfalls hat die mich bei der Polente angezeigt, als er jetzt verschwunden ist. Und nun…" Tobias verstummte. Er bemerkte das Glitzern in Kiras Augen. „Nicht weinen", flüsterte er und, strich ihr leicht über die Wange. Dabei fiel ihm auf, dass Kira jetzt irgendwie anders war, als vor ein paar Minuten noch. Woran das lag, hätte er nicht sagen können. Aber es war ihm im Moment auch egal. Kira holte tief Luft. „Nun steckst du also meinetwegen in der tiefsten Scheiße." Auch ihre Stimme klang anders. Rauer. Tobias registrierte es nur am Rande, denn schon sprach Kira weiter:

„Aber ich glaube dir. Du kannst sicher niemanden um-
bringen. Das sagt man doch manchmal einfach so. Mach
dir nicht so große Sorgen. Das wird die Polizei auch er-
kennen. Spätestens wenn der Alte wiederauftaucht. Wer
weiß, in welchem Puff der sich wieder austobt." Ange-
widert verzog sie das Gesicht. „Und die olle Dankerisch
soll bloß aufpassen, dass sie nicht selbst mal vorm Ge-
richt endet mit ihrer Tratscherei. Aber wenn die weiß,
dass du ihm meinetwegen gedroht hast, sollte sie nicht
noch mehr zum Quatschen kriegen. Ich glaube, es ist
besser, wenn Du jetzt wieder rübergehst. Sonst reimt sie
sich was zusammen, was…" Kira zögerte kurz: „Was
noch nicht ist." Tobi hatte das „noch" wohl bemerkt und
strahlte mit einem Mal. „Du hast recht", nickte er. „Ich
komme aber die Woche nochmal rüber, den Wein bezah-
len. Hab glatt das Geld vergessen." Er trank sein Glas
aus. „Übrigens, wirklich sehr lecker, wenn auch etwas
bitter zum Schluss", sagte er und stand auf. Er ging zur
Tür und nahm die halb leere und eine volle Flasche, die
Kira ihm hinhielt, mit. Sie winkte ab. „Lass mal", sagte
sie. „Bring mir dafür lieber das nächste Mal etwas

Rattengift mit. Ich brauch es dringend. Hab gestern wieder so ein Mistvieh im Hühnerstall gesehen. Und vom letzten Mal ist alles aufgebraucht." Sie legte eine Hand leicht auf seinen Unterarm, lächelte ihn an. Tobias wusste, wie schwer diese Berührung ihr fallen musste. Und er freute sich, denn das konnte nur bedeuten, dass sie die Vergangenheit wieder ein Stück weiter hinter sich gelassen hatte. Er lachte. „Keine Sorge. Ist ja genug da von dem Zeug. Meine Großeltern haben das früher anscheinend gehortet. Tschüss dann." Kira hielt ihn noch einmal auf. „He, der Wein ist auch eine gute Ausrede, falls die Dankeritsch dich sieht. Wein kaufen darf schließlich jeder bei mir. Selbst die blöde Quatschtante. Sollte sie mal auch tun. Einen trinken. Dann ist sie vielleicht endlich still." Kira grinste Tobi an. Er wertete auch das als Fortschritt und grinste zurück. „Die ist erst unter der Erde still." Dann wird er blass. „War bloß so ne Redensart. Mir ist richtig komisch im Magen. Ich glaub, ich leg mich hin und trinke noch einen Schluck Wein. Vielleicht wird mir dann besser." Am Gartentor drehte er sich noch einmal um. Kira aber stand schon wieder bei den Kartoffeln und sah ihm nach.

Tobias staunte, denn ihr Körper wirkte auf einmal stark und kräftig. Sie sah viel größer aus, als sie eigentlich war. Er ahnte nicht, dass es Joyce war, die ihm hinterher blickte und nun langsam die Hand zum Abschied hob. Joyce! Sie hatte, wieder einmal, alles für Kira geregelt. Tobias würde den Wein sicher heute noch austrinken. Eigentlich schade um den Kerl. Aber was musste er Kira auch ewig antatschen. Und die wäre fast auf ihn reinge-fallen. Auf einen Mann! Anscheinend hatte sie nichts aus dem gelernt, was damals passiert war, als ihre Eltern sie an die Kerle vermietet hatten. Nur gut, dass sie, Joyce, da war, um auf Kira aufzupassen. Sie zu beschützen. Pech für Tobias! Das Gift aus der Flasche, die er eben fast leergemacht hatte, wirkte jedenfalls schon. Er war sehr bleich, als er ging und ihm war schlecht. Aber er ist kräftiger als der Alte. Also würde es wohl noch ein, zwei Stunden brauchen, bis er hinüber war. Auf die Polizei würde es wie ein Geständnis wirken. Gut, dass sie ihn wegen des geilen Bocks sowieso in Verdacht hatten. Praktisch, so ein Selbstmord durch ein Gift, welches man in seinem Gartenhaus finden würde.

Um Kira brauchte sie sich keine Sorgen mehr zu machen.

Hier im Haus würde man, sollte doch jemand suchen, kein Rattengift finden. Das letzte war in die zwei Flaschen für Tobias gewandert und auch der alte, geile Bock, der jetzt tief, sehr tief unter den Kartoffeln lag, hatte seinen Teil bekommen. Joyce war zufrieden und zog sich so still zurück, wie sie jedes Mal kam, wenn ihre Hilfe nötig war.

Und Kira? Häufelte weiter die Kartoffeln an.

Hotelnacht

Still liege ich auf meinem Bett, lausche angestrengt. Dunkelheit herrscht in meinem Hotelzimmer. Vollkommene Stille. Wirklich vollkommen? Aber etwas hat mich geweckt. Was war es nur? Ich schaue auf die Leuchtziffern der Uhr. Es ist 2.36 Uhr! Ich bin vor einer knappen Stunde erst zu Bett gegangen. Hatte so lange mit Freunden und Kollegen an der Hotelbar gesessen, erzählt, gelacht und getrunken. Ein schöner Abend war es, aber jetzt bin ich müde. Ich will nur noch schlafen. Also schließe ich die Augen wieder und dann - höre ich es genau. Ein leises Geräusch nur. Es hört sich an, als wenn ein kleines Kind wimmert. Dann ein Flüstern. Ich denke: „Aha, die Mutter beruhigt es." Mit diesem Gedanken will ich wieder einschlafen. Doch da höre ich es wieder. Lauter diesmal, deutlicher. Und plötzlich durchdringt die Erkenntnis mein schlaftrunkenes Gehirn. Das ist kein Kind! Ich höre es jetzt ganz genau. „Ja, ja, fester. Ja, oh ja…" Oh nein, mein Gott, denke ich. Bitte nicht! Bloß keine „Nummer" im Nebenzimmer. Das ist grausam. Schließlich liege ich hier ganz allein in meinem Bett.

Du bist nicht da. Wie soll ich das denn aushalten? Also sage ich mir:" Mach die Augen zu. Hör nicht hin." Wenn das so einfach wäre! Ich schließe zwar die Augen, doch höre ich immer noch die Töne aus dem Nachbarraum und dann … Dann ist es tatsächlich ganz einfach. Es braucht nur ein wenig Phantasie und schon spüre ich dich zwischen meinen Schenkeln. Deine Hände wandern zu meinen Brüsten, liebkosen und kneten sie, um gleich darauf meinen empfindlichsten Punkt zu streicheln. „Ja. Schön. Mach weiter", höre ich sie nebenan, während sich mein Körper dir entgegen wölbt. Ich brauche jetzt Sex. Sofort, schnell, hart. Und schon bist du in mir, genauso wie ich es will. Mein Atem geht keuchend. Oder ist sie das, die Frau von nebenan? Nein, ihr heftiges Atmen, ihre Lustschreie werden zu meinen. Wir sind eins. „Ja, weiter. Nicht aufhören", höre ich sie und mich in einem Atemzug. Ich bin völlig verschwitzt. Sie sicher auch. Mir ist so heiß und ich will mehr, noch mehr. „Ja. Oh Gott mach weiter. Schneller. Ja, ja, ja."

Ein letztes Aufbäumen, ein letzter Schrei. Atemlos liege ich auf dem Bett. Die Decke ist heruntergerutscht. Eine Weile bleibe ich ganz ruhig liegen.

Ich lausche und höre nur noch meinen eigenen, schnellen Atem, der sich nun allmählich beruhigt. Ich schaue zur Uhr. Nur zehn Minuten sind vergangen? Aber sie waren wunderbar. Doch jetzt wird mir kühl. Ich ziehe die Decke über meinen Körper, drehe mich auf den Bauch, schließe die Augen. Und schon sehe ich dich vor mir. Du lehnst lässig an einem Tisch, die Beine übereinander - geschlagen und im Gesicht das freche, jungenhafte Grinsen, das ich so anziehend und sexy finde. Mit einem Finger winkst du mich zu dir und ich – komme!

Nie wieder Kaffee

Marion ist meine allerbeste Freundin. Aber sie ist auch schuld daran, dass ich wohl nie wieder Kaffee trinken werde. Zugegeben, ein Kaffeejunkie, so wie sie, war ich noch nie. Aber eine, zwei Tassen am Tag, genüsslich zu einem Stück Käsekuchen zum Beispiel, mochte ich schon. Das ist nun vorbei. Da kann sie reden wie sie will. Dabei fing alles so schön an. Ich löse für mein Leben gern Kreuzworträtsel. Und in einer der Rätselzeitungen konnte man einen dreitägigen Aufenthalt für zwei Personen in einem Hamburger 5-Sterne-Hotel gewinnen. Einen VIP-Aufenthalt mit allem was möglich ist, inklusive Alsterfahrt und Besuch einer Kaffee-rösterei mit Verkostung. Zu dieser würde man in einer Stretch-Limousine gebracht! Wann kann man sich so etwas als kleine Sekretärin schon leisten? Ich habe natürlich mitgemacht und tatsächlich gewonnen. Zum ersten Mal in meinem Leben habe ich etwas gewonnen! Und dann sowas. Was lag näher, als Marion mitzunehmen? Beste Freundin, Kaffeetante dazu, das konnte nur gut werden. Wir wurden vom Bahnhof abgeholt und direkt vor die Tür des Hotels gefahren.

Das sah schon von außen super schick aus und der Mann am Empfang war eine Augenweide. Er begrüßte uns als wären wir tatsächlich VIP's, war freundlich aber distanziert. Marions Versuch mit ihm zu flirten änderte daran nichts. Selbst der Page, der unsere kleinen Koffer auf das Zimmer brachte, wirkte vornehm. Apropos Zimmer…Das war kein einfaches Zimmer, in das wir kamen. Das war eine ganze Suite! Wow. Schlafzimmer und Wohnbereich waren getrennt und ebenso luxuriös ausgestattet, wie das riesige Bad.

Im Wohnbereich stand auf den kleinen Tisch vor einer schicken Sitzgruppe. Auf dem Tisch ein Sektkühler. Marion hatte ihn sofort entdeckt und die Flasche herausgenommen. Sie öffnete sie geschickt mit einem kleinen ‚plopp' und schenkte die beiden nebenstehenden Gläser voll. „Hm lecker", seufzte sie schon selig, während mich erst einmal das Etikett auf der Flasche interessierte. Ich sah es mir noch einmal genauer an und erstarrte fast. Moët & Chandon Ice Impérial! „Du, das ist kein Sekt. Das ist echter Schampus. Die Flasche kostet fast hundert Euro. Den hab ich neulich grad in so einer Show im Fernsehen gesehen. Ich werd verrückt!"

Marion goss sich schon nach, ging auf den Balkon und lachte nur. „Verrückt werden kannst du nachher noch. Los jetzt, komm her." Ich gebe zu, mir schmeckte der Champagner nicht unbedingt besser als der Sekt, den ich sonst trank. Aber was soll's. Der Blick aus der 6. Etage war auf jeden Fall wunderschön. Hamburg lag uns zu Füßen. Doch das sollte nicht so bleiben. Nein, wir wollten die Stadt erkunden. Also umziehen und los. Wir liefen durch die Mönckebergstraße und genossen den Schaufensterbummel, auch wenn wir hier wohl kaum etwas kaufen würden. In einem kleinen Café gönnten wir uns ein Eis und Marion lachte mich an: "Mensch Gabi, morgen ist die Kaffee-Verkostung. Das wird so richtig geil. Ich freu mich schon wie Bolle drauf." Sie war wirklich glücklich. Ich fragte: „Du weißt aber schon, dass man da den Kaffee nicht trinkt?" „Man trinkt den nicht? Wie soll man denn dann verkosten?" Ich erklärte ihr, dass man den Kaffee schlürft, im Mund rollt und dann - ausspuckt. Das wusste ich auch nur, weil ich mich im Internet belesen hatte. Sie aber starrte mich entsetzt an. „Ausspucken? Das gute Gesöff? Sind die denn verrückt?" Es dauerte eine Weile, bis sie sich beruhigt hatte.

Auf den Schreck bestellte sie erst einmal einen Kaffee und dann durchstreiften wir die Stadt bis zum späten Abend.

Zurück im Hotel testeten wir noch die Bar und schliefen, nach einem kleinen Snack und drei leckeren Cocktails, wie auf Wolken in unserem King-Size- Bett.

Leider war die Nacht für mich viel zu kurz, denn Marion war früh, sehr früh, wach. Sie hatte einfach Angst, wir könnten zu spät zur Verkostung kommen und nervte mich, bis ich nachgab und auch aufstand. Pünktlich um 10.00 Uhr traten wir aus dem Hotel und warteten auf das Auto, das uns zur Rösterei fahren würde. Aufgeregt wie Kinder waren wir, als die weiße Stretch-Limousine vorfuhr. Der Fahrer stieg aus, öffnete einladend die Tür und Marion… Machte ein Foto! Wie peinlich. Aber der Fahrer grinste nur. Er erlebte das wohl öfter. Dann ging es los zur Rösterei in die Speicherstadt. Während der Fahrt erzählte der Chauffeur uns viel über diesen Stadtteil und seine Bedeutung für Hamburg in früheren Jahren. Wir bestaunten die großen Backsteinhäuser und erfuhren, dass man hier in der Nähe auch verschiedene Museen finden konnte. Aber jetzt wollten wir erst einmal zur Verkostung.

Beim Aussteigen empfingen uns der Duft von Kaffee und Herr Bittner. Er war der Kaffeeröster, der mit uns in eineinhalb Stunden acht Kaffeesorten testen sollte. Er erklärte, dass man Kaffeesorten nach Körper, Fülle und vielem anderen beurteilt.

Die Zeit verging schnell, denn Herr Bittner war ein offener, lustiger Mann und beantwortete Marions viele Fragen so locker und witzig, dass wir kaum merkten, wie die Zeit verging. Die Verkostung war echt interessant, allerdings bekamen wir dabei so richtig Kaffeedurst. Marion, kess wie sie nun mal ist, stupste Herrn Bittner an und fragte mit einem Augenzwinkern: „Sagen sie, kann man hier auch einen Kaffee trinken? Ich meine so richtig trinken, ohne auszuspucken?" Ich fühlte wie meine Wangen rot wurden. Musste sie denn immer so direkt sein? Doch Herr Bittner zwinkerte zurück und antwortete prompt: „Ich lade sie gern auf eine Tasse ganz besonderen Kaffees ein, wenn es ihnen recht ist." Marion klatschte begeistert in die Hände, als er einladend die Tür mit der Aufschrift „PRIVAT" öffnete. Der Raum dahinter war gemütlich eingerichtet. Er diente wohl als Büro, war aber gleichzeitig als Pausenraum gedacht.

Es gab einen Schreibtisch mit PC und in einer Nische sah ich eine kleine Küchenzeile. In der Mitte des Raumes stand ein flacher Tisch. Um ihn gruppiert waren zwei kleine Sessel und eine passende Couch. An der Wand hing das Bild einer Kaffeeplantage. Herr Bittner bat uns Platz zu nehmen und verschwand in der Küchenecke. Nach ein paar Minuten hatte er Kaffeegeschirr und einer Kaffeemühle sowie eine Stempelkanne auf den Tisch gestellt. Aus dem Schrank nahm er einen Wasserkocher und fragte: „Wie wäre es mit einem Kopi Luwak, meine Damen?" Ich sah ihn fragend an. Aber Marion war völlig aus dem Häuschen! „Ehrlich, Kopi Luwak? Wahnsinn! Ja sehr gern." Sie boxte mir in die Seite. „Mensch Gabi, da kostet eine Tasse so ab fünfzig Euro aufwärts!" Ich dachte, ich höre nicht richtig. „Fünfzig Euro für eine Tasse Kaffee? Ja sag mal, ist der aus Gold?" Herr Bittner lachte. „Nein, nicht aus Gold, aber ähnlich kostbar. Man nennt ihn auch Katzenkaffee. Die Zibetkatze frisst die Kaffeekirschen. Aber sie verdaut nur das Fruchtfleisch und scheidet die Kaffeebohnen einfach wieder aus. Und durch die Fermentierung im Katzenmagen hat der Kaffee dann seinen ganz besonderen Geschmack."

Marion rief dazwischen als wäre sie in der Schule: „Ja, erdig, fast ein wenig muffig soll er schmecken. Man, bin ich gespannt." Dann sah sie mich an. „Du bist ja so blass. Was ist denn los?" Ich fragte: „Ihr wollt mich veralbern, oder? Katzenkacke die muffig schmeckt? Und für muffig, erdig zahlt man dann fünfzig Euro pro Tasse? Danke, aber ich verzichte!" Die beiden sahen mich an, als wäre ich die Verrückte. „Ehrlich, du willst nicht?" Meine Freundin schien echt überrascht. Und Herr Bittner sah aus, als würde er überlegen, was er mir anderes anbieten könnte. Er schien eine Idee zu haben.

„Wie wäre es mit einem thailändischen ‚Black Ivory'?", fragte er. „Der ist weich und nicht im Geringsten bitter. Und auch nicht muffig." Er lächelte und ich war so erleichtert das zu hören, dass ich glatt vergaß, die Herkunft zu hinterfragen. Herr Bittner kam mit den beiden Kaffeesorten und einer zweiten Stempelkanne an den Tisch. Jede Kaffeesorte wurde in einer eigenen Mühle frisch gemahlen und dann aufgegossen. Ich überwand mich und roch am Katzenkaffee. Er roch wie Kaffee, aber dennoch... Probieren würde ich den nicht. Der frisch gemahlene „Black Ivory" dagegen duftete fast ein wenig nach Schokolade.

Auf den Geschmack war ich echt gespannt. Und ich wurde überrascht. Er schmeckte wirklich kein bisschen bitter oder muffig, sondern fast blumig. Lecker! Ich fragte: „Ist Thailand denn überhaupt ein Kaffeeland?" „Na ja", kam die Antwort, „Brasilien und andere Länder sind Spitzenreiter, aber das ‚schwarze Elfenbein‘ gibt es eben nur aus Thailand. Und da so wenig produziert wird, kostet auch hier die Tasse Kaffee so um die 40 Euro." Das gab mir zu denken. „Wieso wird denn so wenig produziert? Und vor allem - wie wird produziert?" Ich sah Herrn Bittner an und nahm gedankenverloren meine Tasse auf. „Nun auf einem sogenannten Gnadenhof finden herrenlose Elefanten ein Obdach und arbeitslose Mahouts, also Elefantenbetreuer, werden zur Pflege eingestellt. So haben beide eine neue Chance zu überleben. Die Arbeit der Mahouts ist nicht leicht. Sie mischen dem Elefantenfutter Kaffeebohnen bei und sammeln diese nach dem Verdauungsvorgang wieder heraus. Dann ist der Kaffee sozusagen nass fermentiert, was ihm diesen tollen Geschmack verleiht. Ähnlich wie beim Kopi Luwak." Mit wurde übel. Und damit meine ich richtig übel, und ich prustete den Schluck Kaffee, den ich im Mund hatte, quer über den Tisch. „Kaffee aus Elefanten-Aa? Ihr seid fies, ehrlich. Wie könnt ihr mir sowas andrehen?" Ich begann zu würgen. Herr Bittner brachte mich schnell zum WC und ich blieb dort eine ganze Weile. Als ich zu den beiden zurückkam, hatten sie den Tisch schon gesäubert und sahen mir entgegen. Herr Bittner entschuldigte sich wortreich. Er hatte gedacht, dass der muffige Geschmack mein Problem wäre. Darauf, dass der Verdauungsprozess verschiedener Tiere mir den Kaffeegenuss verleiden könnte, war er gar nicht gekommen. Ich entschuldigte mich nun ebenfalls bei ihm und er bot mir einen ganz normalen Kaffee aus Kolumbien an. Den lehnte ich jedoch dankend ab und musste plötzlich lachen, als ich sein zerknirschtes Gesicht sah. Herr Bittner schaute mich an – und lachte mit. Als auch Marion anfing zu kichern, war die Stimmung genauso entspannt wie zu Anfang. Wir bedankten uns für alles, einschließlich „Überraschungskaffee" und verabschiedeten uns von Herrn Bittner. Draußen zeigte Marion mir ein kleines, wirklich kleines Päckchen Kaffee. „Reicht für zwei bis drei Tassen Kopi Luwak und hat mich nur 60 Euro gekostet", flötete sie mir ins Ohr. Ich schluckte schwer. „Mit dir trinke ich keinen Kaffee mehr", röchelte ich, ging stracks auf eine Bar zu und bestellte mir einen Jägermeister. Der letzte Tag in Hamburg war schön, aber ein Café betrat ich nicht mehr. Schon vom Geruch wurde mir übel. Seitdem trinke ich nur noch Tee! Und Kreuzworträtsel können mir auch gestohlen bleiben!

Aktmalerei

Der Raum ist klein, aber schön. Die Fenster sind mit dicken Samtvorhängen verdunkelt. Auf dem Tischchen, auf Stühlen und Tabletts stehen viele Teelichter, die den Raum in ein warmes, gelbes Licht tauchen, ohne ihn richtig zu erhellen. Dicke goldbestickte Kissen liegen auf dem flauschigen Teppichboden. Es duftet verführerisch nach Vanille und Mandarine. Rechts, neben der Tür steht eine Staffelei, auf der der Druck eines bekannten Bildes von Kandinsky zu sehen ist. Es wird von einer kleinen Stehlampe beleuchtet, die das Dämmerlicht ringsum noch zu betonen scheint. „Ja, schön ist es geworden", freut sich Gabi, „richtig kuschelig. Da wird sich Maurice freuen." Gabi sieht sich ein letztes Mal im Raum um, dann lauscht sie auf den Flur. Alles still. Zum Glück ist Oma früh zu Bett gegangen. Oma, die öfter mal einfach für ein paar Tage zu Besuch kommt. Unangemeldet, was eigentlich kein Problem ist, denn Oma ist niemand, den man „betuttelt" muss. Sie hat hier ein kleines Zimmer und kann tun und lassen, was sie will. Aber dass es sie gerade heute aus ihrem geliebten Dresden hierhertreiben musste!

Gabi schüttelt unwillig den Kopf. Sonst freut sie sich immer, wenn Oma Irene auftaucht, denn sie liebt sie wirklich. Aber heute? Die Eltern sind verreist und deshalb hat sie Maurice zu sich eingeladen. „Ach Maurice!" Gabi gönnt sich einen Moment der Ruhe und erinnert sich, wie alles angefangen hatte. Sie hatte sich bei der Volkshochschule für einen Kurs in Malerei angemeldet und da war er, der Dozent. Maurice war zwar schon älter, aber was ist ein Altersunterschied von zwanzig Jahren, wenn man sich liebt? Für Anfang Vierzig sieht er unwahrscheinlich gut aus. Die langen dunklen Locken bändigt er meist in einem Zopf. Die einzelne graue Strähne darin gibt ihm etwas Verwegenes, genauso wie der Drei-Tage-Bart. Seine Figur ist einfach göttlich. Wenn er so vor der Staffelei steht in der schwarzen Lederhose, dass dunkelrote Hemd halb offen, so dass man das Brusthaar sehen kann – oh man, dass hat nicht nur sie weg geflasht! Alle Mädels haben sich sofort in Maurice verknallt. Nur Silke meint, das sei ein „Oller auf Mädchenfang". Na gut, die ist ja selbst so Mitte Vierzig und hat einfach keine Ahnung von Männern. Aber wenn Maurice dann den Pinsel schwingt – ja, da bleibt selbst Silke der Mund offen stehen!

Es ist dieser Schwung, die reine Lust am Malen, seine unkonventionelle Art, die Bilder ungeahnter Schönheit entstehen lässt. „Auf der Leinwand und im Kopf" grient Gabi in sich hinein. Beim nächsten Mal wollen sie einen Akt gestalten. Aber heute, ja heute kommt Maurice zu ihr. Sie wird für das Aktbild seine Muse sein. Der Kandinsky ist nur Staffage, Füllmaterial. Dort wird das Bild entstehen, heute Nacht. Die frische Leinwand steht hinter Kandinskys „Impression III". Und wenn sie die Zeichen richtig gedeutet hat, dann wird nicht nur auf der Leinwand etwas passieren. Gabi lächelt still. Dann schaut sie erschrocken auf die Uhr. Oh, in einer Viertelstunde kommt Maurice. Sie muss sich beeilen. Leise schlüpft sie ins Bad. Schnell die Klamotten in den Wäschekorb. Außer einem roten Tanga und eines Seidenkimonos wird sie heute für Maurice nur noch Chanel Nr. 5 tragen. Silke meint ja, für ein junges Mädchen sei der Duft zu schwer, aber Maurice mag ihn und dass allein zählt. Geschafft, nun schnell ans Fenster, denn sie muss ihn abfangen. Nicht auszudenken, wenn er klingelt und Oma weckt. Fünf Minuten später steht Maurice in dem kleinen Zimmer.

Aber er sieht weder die goldbestickten Kissen, noch bemerkt er den feinen Vanilleduft. Auch der Kandinsky ist ihm schnuppe. Er überreicht Gabi eine langstielige rote Rose und flüstert: „Der Rose gebührt die Rose!" Gabi ist hin und weg. Sie schmiegt sich in Maurice Arme, fühlt seine bärtig-picksiege Wange an ihrer, kommt seinem suchenden Mund willig entgegen. Gabi ist selig. Maurice öffnet ihren Kimono, schiebt sie ein wenig von sich fort, erstarrt vor Ehrfurcht. „Oh diese Linien, dieser Üftschwung, diese süßen, kleinen Üggel. Gabbi, du bist ein Wunder. Isch liebe disch. Lass misch dir zeigen, wie wunderbar inspirierend die Libbe sein kann!" Oh, dieser Akzent! Gabi schmilzt in Maurice Armen fast dahin und während er ihr den Kimono ganz auszieht flüstert sie: „Ach Maurice, bin ich deine Muse? Wirst du mich malen?" Sein kurzes Zögern bemerkt sie nicht, denn er nickt sofort strahlend. „Wen sonst?", flüstert er. „Inspiriere mich meine Süße." Sie gleiten auf die dicken Kissen. Plötzlich wird das Licht angeknipst. Oma steht in der Tür. Klein, verschlafen, die grauen Locken stehen wirr vom Kopf ab. Ihr rosa Nachthemd reicht bis auf die dicken Filzpuschen an den Füßen und in der Hand hat sie den vierarmigen Kerzenleuchter vom Flur. „Oh" flüstert sie, „oh." Dann sieht sie, anscheinend noch verwirrt vom Schlaf, erst auf die fast nackte Gabi und ihren Geliebten, dann auf den Kerzenleuchter in ihrer Hand. „Ach, ich wees gor nich, was ich mit dem Ding…Entschuldschung, isch wollde nur in de Gische. Isch hab so Durscht und wollte was zu dringen holen. Entschuldschung noch emol." Langsam geht sie rückwärts und will gerade die Tür schließen, als ihre Augen plötzlich groß werden. Sie ist nun hellwach! „Margus?" ruft sie. „Margus Hollerbach? Wos machst'n du hier, middn in der Nocht, bei mener nackden Engelin?" Und Maurice, der Maler antwortete in breitestem Sächsich: „Nu Frau Meier, wir wolldn ene Ogtmalerei vorbereiden, für de VHS!" Gabi schlängelte sich entsetzt unter Maurice, oder doch unter Markus, hervor. Aber noch bevor sie etwas sagen kann, stürmte die Oma auf den Mann zu. „Du host disch aber och gor nich geändert. Den Binsel schwingen, des gonndste schon in der 10. Glasse, aber des war's och. Un nun raus hier, aber dalli." Wütend schwingt sie den Kerzenleuchter. Und Maurice Ollander oder auch Markus Hollerbach macht, dass er aus dem

Zimmer kommt, denn er kennt seine ehemalige Klassen-lehrerin gut genug, um zu wissen, dass mit ihr nicht gut Kirschen essen ist. Gabis Tränen trocknen nach einem Kakao a la Oma recht schnell und an der VHS wird nun ein neuer Dozent für Malerei gesucht.

Invasionen

Sommerausklang, was für ein schönes, melodisches Wort. Ausklang hat sowas von klingen, oder?

Von wegen! Klingen! Nichts klingt und ich bin froh, dass der Sommer vorbei ist!

Endlich vorbei diese ewige Hitze, in der man zu schmelzen meint. Vor allem vorbei mit diesem ekligen Gefühl, dicht an dicht mit anderen im Bus oder in der S-Bahn zu sitzen. So Haut an Haut ist schon kritisch. Aber Schweißfilm auf Schweißfilm.... Nein liebe Leute, das ist nichts für mich. Aber auch das ist ja noch lange nicht das Schlimmste. Nein. Wie gefällt euch denn so ein Picknick am See? Denkt euch den Sonnenuntergang über dem Wasser. Ihr sitzt auf einer Decke, habt dort Baguette, Schinken, Käse, Trauben und eine kalte Flasche Weißwein oder Blubberwasser aufgebaut, einen süßen Typen neben euch... Ja, denkt euch das Alles so richtig schön kitschig, romantisch!

Ha, ha. Völlig falsch. Noch vor dem ersten Kuss krabbeln Ameisen auf dem Baguette herum, ihr wollt sie wegwischen, stoßt dabei den Wein oder eben den Sekt um, der dann Brot und Schinken durchnässt, was noch mehr Krabbelvieh anlockt. Also alles wegschmeißen. Decke abschütteln, verstauen und nichts wie weg! Toller Abend. So eine Flucht hat was oder nicht?

Zweiter Versuch. Dieses Mal keine Decke, kein Wein. Dann kann ja nichts passieren. Also genießen wir einen der letzten Sommertage. Ihr geht an die Havel, setzt euch auf eine Bank. Ringsherum jede Menge anderer Menschen, die dieselbe Idee hatten. Kurz fragst du dich, ob die wohl auch Ameisenbekanntschaft beim Picknick geschlossen haben, als plötzlich… Nein, der Typ küsst euch jetzt nicht. Von wegen! Sssss. Ich höre es überlaut, denn mir ist klar, was nun passiert. Eine Mücke, nein, eine Mückenplage, eine Mückeninvasion! Und, wie vorherzusehen, haben sie es nur auf mich abgesehen.

Ich bin ihr Opfer. Mit diesem tückischen „sssssssss" stürzen sie sich auf mich. Kamikazeflieger, bewaffnet mit einem winzigen Rüssel, dazu gemacht, mein Blut aufzunehmen. Blutsauger allesamt!

Und schon verfalle ich selbst in den Blutrausch und will zerschlagen, zerquetschen, töten. Was mir nicht wirklich hilft, denn es sind zu viele.

Und die Mückenstiche sind nun auch nichts, was erotisch aufheizend wirkt. Wieder ein Abend hin. Also wenn ihr mich fragt: Streicht den Sommer aus dem Kalender. Es lebe der Winter! Da schon wieder eine. Zack, klatsch – tot!

Sssssagt mal, was für Blödsinn erzählt die da? Sssssommer streichen? Ja ist die denn verrückt? Das ist die einzige Zeit, in der wir uns als Familie mal treffen können. Und warum stellt die sich ssssso an wegen des bisschen Blutes, was man von ihr zapft? He, ssssie isst doch auch Fleisch von anderen Tieren, verdrückt Früchte, die sssie vom Baum pflückt. Ist das etwa besser? Ssssie stirbt jedenfalls nicht wegen uns. Blöde Tussi! Und von wegen „Mückenstich". Na und. Sssoll sie ein bisschen Spucke rauf tun, schon ist alles gut.

Wisst ihr, da fliegt man nichts ahnend, ohne böse Absichten an einem schönen Sssommertag über die Havel. Man hat schon genug damit zu tun Fröschen und ähnlichen Raubtieren aus dem Weg zu gehen, denkt an nichts Arges und ssssieht plötzlich – Menschen. Eine Menscheninvasion!

Sssie liegen überall am Wasser herum, sssitzen überall, essen Eis, Früchte und anderes und duften! Der Duft ihres Blutes macht einen sssso richtig high! Er steigt in den Kopf und sssssagt dir als Mückenfrau: Komm trink mich, nutze meine Proteine und mein Eisen für die Entstehung deiner Eier. Nur dann wird deine Familie überleben. Ja bitte, was sssoll ich denn dann anderes tun? Ihr wollt euch doch auch vermehren oder? Aber nein. Mücken sind eklig, Mücken sind fies, Mücken ssssind Blutsauger! Ssssoll ich euch was sagen? Menschen sind fies, Menschen gönnen uns kleinen Tieren nichts, Menschen sind - eine Plage. Ständig schlagen sie nach uns, wollen uns töten. Sie verfallen direkt in einen Blutrausch, wenn sie uns sssehen. He, he, hör auf hier so rumzuwedeln. Oh, oh, Schschsch…..

Dark Lady

Am Rande einer kleinen Stadt stand ein kleines Haus. Zu diesem Haus gehörte ein kleiner, aber schöner Garten. Es gab dort ein paar Gemüsebeete, ein großes Blumenbeet und einen winzigen Geräteschuppen. Fast ganz verdeckt von dem Geräteschuppen lag dort noch ein Komposthaufen. Das Schönste an dem Garten aber war ein Rosenstrauch, der direkt an der Ecke des Schuppens stand und so den Rest des Komposthaufens verdeckte. An diesem Strauch wuchs nur eine einzige Knospe. Sie würde bald zu voller Schönheit erblühen. Das wusste die Rose, denn der Mensch, dem das kleine Haus und der kleine Garten gehörten, hatte es ihr eben erzählt. Sie wusste daher auch, dass sie jemand ganz besonderen erfreuen sollte. Einen Menschen, der wohl genauso schön sein musste, wie sie es werden würde. Sicher. Der Bewohner des Hauses hatte gesagt: „Guten Morgen meine Dark Lady. Du bist die schönste Rose, die es für mich gibt. Wenn sich morgen deine wundervolle Blüte entfaltet hat, wird mich ihre karmesinrote Farbe an die Lippen meiner Melinda erinnern. Dein wunderbarer Duft wird nicht nur mich, sondern auch sie verzaubern. Und wenn ich dich dann in ihre Hände lege und sie bitte meine Frau zu werden, dann werde ich der glücklichste Mensch der Welt sein." Die Rose freute sich auf den morgigen Tag und hielt die Knospe in die Sonne. Und nach einigen Stunden war sie tatsächlich erblüht. Sie fühlte die schwere, gefüllte Blüte, die doch aus vielen federleichten, zarten Blütenblättern bestand. Und fast meinte sie, selbst den berauschenden Duft wahrzunehmen. Da hörte sie hinter sich ein Räuspern, und dann eine leicht raue Stimme: „Bonjour Madam! Darf isch ihnen saggen, dass sie wunderschön sind!" Die Rose schaute sich um. Niemand zu sehen. Kein Mensch in der Nähe. Da hörte sie es wieder: „Allo Madam. Diese leuschtende Fabbe, das errlische Karmesinrott – isch verehre sie Madam!"

Noch einmal sah sich die Dark Lady um. Und da entdeckte sie den Bewunderer! Eine relativ kleine Pflanze wuchs direkt am Komposthaufen. Pfui! Dark Lady rümpfte die Nase. Die Blätter dieser Pflanze waren eiförmig, ein wenig spitz zulaufend und am Rand grob gezackt. Das kleine Köpfchen bestand aus einem gelben Körbchen mit nur wenigen weißen Blütenblättern und - igitt, der Stängel und die Blätter waren auch noch behaart! Mit hoch erhobener Blüte fragte sie: „Wer bist du denn? Was willst du von mir?" Das Kraut antwortete: „Nun, man nennt misch Franzossenkraut. Zottiges Franzossenkraut, um genau zu sein. Und was isch von dir will meine Schöne? Nischts! Isch will disch nur bewundern. Deinen Wuchs, deine Altung, deine Schöneit!" Das Franzosenkraut verneigte sich vor der Rose. Die aber drehte sich brücks um, und antwortete: „Pf, darauf kann ich gut verzichten. Franzosenkraut? Unkraut! Ich bin eine Schönheit, eine Dark Lady und werde morgen einen ganz besonderen Menschen erfreuen. Du dagegen? Du wirst hier stehen und hier sterben, ohne dass sich jemals jemand an dir erfreut!" Damit war für Dark Lady das Gespräch beendet und das arme Franzosenkraut wucherte weiter still vor sich hin.

Am nächsten Morgen kam der Mensch und schnitt die Rosenblüte, die er mit ein wenig Schleierkraut und Grün aus dem Garten zu einem hübschen Strauß band. Diesen nahm er mit ins Haus. Der Tag verging und auch die Nacht. Am nächsten Morgen öffnete sich die Gartentür und das Franzosenkraut sah den Menschen des Hauses kommen. In der Hand hatte er den Rosenstrauß.

Die wunderschöne Blüte duftete nach wie vor herrlich, und doch warf der Mensch sie achtlos auf den Komposthaufen. Das Franzosenkraut sah, dass er dabei weinte. Verwundert fragte es die Rosenblüte: „Was ist passiert? Solltest du nischt einen besonderen Menschen erfreuen? Warum weint er dann?" Leise, und gar nicht mehr stolz, antwortete Dark Lady: "Melinda kam nicht. Sie hat angerufen. Sie will ihn nicht. Und nun bin ich ihm auch nicht mehr, als eine traurige Erinnerung an sie."

Da lag Dark Lady nun auf dem verpönten Komposthaufen und starb in der heißen Sonne. Der Mensch aber kam noch einmal wieder. Er pflückte vorsichtig die jungen, noch zarten Blätter des Franzosenkrauts und murmelte dabei: „Hm, Wildkräuterklößchen. Die werden mich auf andere Gedanken bringen." Der Rest des Franzosenkrautes aber wucherte weiter still vor sich hin.

Heilig Abend

Na toll, denke ich, als es einen Ruck gibt und die U-Bahn stehen bleibt. Irgendwo auf der Strecke zwischen Gesundbrunnen und Voltastrasse. Na toll. Bloß weil ich dieses besondere Öl für Katrin nicht gleich letzte Woche gekauft habe, stecke ich jetzt hier fest. Heilig Abend und ich sitze in der U-Bahn, die nicht weiterfährt. Zum Glück ist bei uns keine große Feier angesagt, denn mein Mann hat Spätdienst und ist erst um zweiundzwanzig Uhr wieder daheim. Und bis dahin… Also da bin ich sicher wieder zuhause. Aber meine Tochter muss ich anrufen. Sie wollte mit meiner Enkelin zum Kaffee trinken kommen und wird sich Sorgen machen, wenn ich nicht da bin. Ich hole mein Handy aus der Tasche und höre in diesem Moment den ersten Fluch: „Scheiße verflixt. Kein Netz!" Tatsächlich, auch ich habe kein Netz. Und nun wird mir doch komisch, denn mir fällt auf, dass es stockfinster ist. Strom weg, also kein Licht, keine Handyverbindung. Oh mein Gott! Panik will sich in mir breitmachen. Ich reiße mich zusammen. Die da draußen werden ja merken, dass etwas mit dieser Bahn nicht stimmt. Die schicken ruckzuck Hilfe, beruhige ich mich selbst. Aber dann frage ich mich: Und wenn nicht? Tja, Arschkarte. Dann brauche ich mir wegen Katrins Öl keine Gedanken mehr machen. Ne, dann knallt nämlich die nächste Bahn voll auf uns drauf und das werden wir kaum überstehen. Wieder gerate ich in Panik. Und ich bin nicht die Einzige. Neben mir hatte vorhin eine türkische Oma Platz genommen und die krallt sich jetzt gerade an meinem Arm fest. Das gibt blaue Flecken. Ich versuche, sie zu beruhigen. „Sch, sch, keine Angst. Gleich kommt der Strom wieder und dann holen die uns hier raus", flüstere ich ihr zu. Sie flüstert zurück: „Hab ich nicht Angst. Muss ich nur ganz dringend zu Toilett!" Super! Muss sie mir das erzählen? Gerade jetzt? Ich habe vorhin am Alex noch einen Kaffee getrunken und nun drückt prompt meine Blase! Also ehrlich, schlimmer geht immer! Um mich und sie abzulenken, beginne ich Weihnachtsgedichte aufzusagen. Alle, die mir so einfallen. Aber leider sind das nicht all zu viele. Der Kerl links neben mir meint. „Eh, is des ätzend?" Ich bin irritiert. Was meint der? Meine Rezitation? Bevor ich antworten kann redet er weiter. „Eh, boh, eh, macht doch mal Strom an, ihr Sackgesichter.

Kann ich nicht telefonieren mit mein Bruda! Scheiße, Alda!" Ah ja, jetzt weiß ich zumindest wieder, wer das ist. Der Knabe ist in Gesundbrunnen zugestiegen. Goldkettchen, viel zu enge Hosen und nach hinten gegelte, dunkle Locken. Macht immer noch den dicken Max. „Aua. Verflixt pass doch auf wo du hintrittst", fluche ich plötzlich, denn jemand ist mir ziemlich hart auf die Zehen getreten. „Tschuldigung, aber ich seh hier ja nix", tönt es aus dem Dunkel zurück. Dunkel? Das muss doch nicht sein. Mich durchzuckt eine Idee! Der gegelte Knabe hatte eben das Handy an. Das gab etwas Licht, genauso wie vorhin, als alle versuchten zuhause anzurufen. Ich streife die sich immer noch an mir festkrallende Hand der türkischen Oma ab, hole mein Handy aus der Tasche. Ja, der Akku ist voll, ich habe Licht. Das ist besser, viel besser. Ich leuchte der türkischen Omi ins Gesicht. Sie sieht ziemlich verkniffen aus. Kein Wunder, wenn man dringend aufs Klo muss! Ich streichle ihren Arm. „Die kommen bald und holen uns raus", verspreche ich ihr. Dann sehe ich auf die Uhr. „Verdammt wir stehen hier schon eine gute halbe Stunde!" bricht es aus mir heraus. „Mist verdammter."

„Nö, det is jut", kommt eine weibliche Stimme vom anderen Ende des Abteils. Inzwischen habe weitere Mitreisende die Erleuchtung mittels Handy gestartet so dass ich im diffusen Licht eine alte Dame erkenne. Grauer Hosenanzug, darüber ein offener brauner Pelzmantel und eine braune Handtasche, die sie an sich gepresst hält. Auf dem Kopf hat sie einen hellblauen Filzhut. Ganz aufgeregt wirkt sie, mit ihren geröteten Wangen. „Wat soll daran jut sein?", fragt ein vierschrötiger Mann in Arbeitsklamotten. „Na ja, die Bahn fährt alle zwanzig Minuten. Hätte die nächste ja schon hier sein müssen oder?" fragt die Dame zurück und stellt dann trocken fest: „Denn wäre Weihnachten für uns wohl schon jeloofen." Ruhe im Zug. Anscheinend denken alle über diese Worte nach. Doch plötzlich bewegt sich die türkische Oma neben mir. Sie kramt in ihrer riesigen Tasche und es macht ihr gar nichts aus, dass ich ihre Ellenbogen dauern in die Rippen kriege. Noch mehr blaue Flecken, denke ich. Da holt sie plötzlich, über das ganze Gesicht strahlend, eine dicke Kerze hervor. Sie sieht die Leute vor uns an. „Machst du Platz?" Alle rücken ein wenig. Sie stellt die Kerze auf den Boden. „Hab ich nicht Feuerzeug. Kann einer anmachen?"

Der lange Lulatsch nickt: "Klar Oma. Mach ick." Aha, der ist der Zehenlatscher, wie ich anhand der Stimme erkenne. Aber anscheinend ist er nett. Gegenüber auf der Bank beginnt ein Mädchen mit einem Mal hysterisch zu kreischen. „Macht das sofort aus. Wollt ihr uns verbrennen? Die Alte ist ne Terroristin. Die is bestimmt eine Selbstmordattentäterin!" Der Gegelte neben mir zeigt ihr einen Vogel: „Halt Fresse, doofe Nuss. Brauchen wir nich noch mehr Stress hier, klar?" Ein alter Mann hat sich direkt neben der Tür auf den Boden gesetzt und beginnt nun mit zittriger, dünner Stimme zu singen: „Sind die Lichter angezündet..." Alles wird still. Sogar das hysterische Mädchen hört zu. Die sitzenden Passagiere rücken zusammen, so dass noch einige andere Platz finden. Wer bis jetzt noch steht, setzt sich, wenn möglich, auf den Boden. Ich staune. Die Bahn ist voll. So viele unterschiedliche Menschen sind hier und alle sind in dieser Extremsituation friedlich, freundlich. Alle lauschen dem feinen Gesang des Alten und dann höre ich eine zweite Stimme. Die Dame mit dem blauen Filzhut singt mit und dann tatsächlich der Lulatsch und es werden immer mehr Stimmen.

Nicht nur in unserem Abteil singen die Leute und wer das Lied nicht kennt, summt mit. Und überall sieht man Handylichter. Nur bei uns, da brennt jetzt einzig die Kerze. Erstaunt stelle ich fest, dass es irgendwie richtig weihnachtlich ist. Als das Lied zu Ende ist, stimmt irgendein Witzbold an: "Horch was kommt von draußen rein", und wie aufs Stichwort gehen die Türen auf. Feuerwehrleute schauen erstaunt auf das friedliche Bild. Wahrscheinlich hatten sie völlig hysterische Reisende erwartet. Na ja, was soll ich sagen. Die Rettung lief ebenso harmonisch ab, wie unsere „Gefangenschaft". Der Lulatsch blies die Kerze aus, dann wurden Mütter mit Kindern und Alte zuerst durch den Tunnel nach oben zu den wartenden Bussen gebracht. Den Notarzt brauchten nur wenige. Aber eine Frau weigerte sich kategorisch, in den Bus zu steigen. Die türkische Oma. Sie entwand sich, sobald wir draußen waren, den helfenden Händen und rannte eilends zu dem Restaurant, dass auf der anderen Straßenseite zu sehen war. Am liebsten wäre ich ihr gefolgt, denn wie gesagt: Der Kaffee... Aber noch lieber wollte ich schnell nach Hause. Dort wartete meine Tochter bestimmt schon und Katrins Öl musste verpackt werden und, und, und.

Ich hatte noch so viel zu tun. Doch dann...Ich erinnerte mich an die Zeit in der Bahn. Ruhe, Frieden, Zusammenhalt. Also, bloß keine Hetze. Es hätte ja auch ganz anders kommen können!

Inhaltsverzeichnis

*S. 99

„Ich schlage dich gleich, bis das Blut kommt."

Liebe Leserinnen und Leser,

es freut mich, dass Ihr Interesse an meinen Geschichten und Gedichten habt. Wer ich bin? Ich heiße Iris Köhler-Terz, bin 1961 geboren und wohne in Oranienburg. Ich schreibe schon viele Jahre. Angefangen hat es mit Gedichten, dann kamen Geschichten und Märchen hinzu. Sogar einen kurzen Krimi gibt es von mir. Aber Euch wollte ich gern einige meiner Geschichten zeigen und hoffe, Ihr habt/hattet beim Lesen so viel Spaß, wie ich beim Schreiben.

Über ein Feedback unter iriskt@freenet.de würde ich mich freuen. Bleibt gesund!

Iris